SCHWARZER HUMOR

Peter Waldbauer

SCHWARZER HUMOR

MAKABER · FIES · GENIAL

Anaconda

Die Deutsche Nationalbibliothek verzeichnet diese Publikation in der Deutschen Nationalbibliografie; detaillierte bibliografische Daten sind im Internet unter http://dnb.d-nb.de abrufbar.

Umschlaggestaltung: Olaf Schumacher
Satz und Layout: Roland Poferl Print-Design, Köln
Printed in Czech Republic 2018
ISBN 978-3-7306-0580-6
www.anacondaverlag.de
info@anacondaverlag.de

INHALT

Witze über den Tod – sind die denn angebracht? Oder begeht man damit ein Sakrileg?
Wenn man sieht, wie zahlreich diese »makabre Rubrik« unter den Witzen kursiert – in der mündlichen Überlieferung seit tausenden Jahren, in der Literatur sowieso und neuerdings auch im Internet – dann steht fest: vielleicht *gerade* über den Tod! Und damit auch über seine zahlreichen Begleiter: den Arzt, den Pfarrer und natürlich den Bestatter. Ja, spinnen wir uns ruhig noch eine Station weiter – auch über das Abkommen mit dem lieben Gott. Mit ihm oder seinem Assistenten Petrus verhandeln wir über unseren weiteren Aufenthalt. Werden die beiden unseren Argumenten zugänglich sein?
Treffen kann es einen bekanntlich überall. Dort, wo man es erwartet – im Krankenhaus; aber vor allem dort, wo man es am wenigsten erwartet, aber vielleicht am liebsten hätte: im Bett beim Sex.
Sex gebiert Leben und ist das Gegenteil vom Tod. Vielleicht versuchen wir ja deswegen, dem Sensenmann ein Schnippchen zu schlagen. Nach einer Beerdigung kann die Lust oft am stärksten sein.
Den größten Raum in der vorliegenden Sammlung nehmen jene Witze ein, bei denen die Ehefrau die Hauptrolle spielt. Es ist wie sonst auch im Leben: Beziehungen sind das Maß aller Dinge, ob es uns gefällt oder nicht. Dieser Umstand verfolgt uns bis in den Tod – mindestens so weit. Wohl dem, der über die Absurdität der menschlichen Existenz lachen kann.

Ehefrau zu ihrem Mann: »Also, mit deinen ewigen Selbstmordversuchen geht das so nicht weiter. Sieh dir mal die Gasrechnung an!«

*

Ehemann erwacht aus dem Koma. Seine Frau zieht sich gerade die schwarzen Kleider aus und meint: »Auf dich ist aber auch nie Verlass.«

*

Vier Tage nach der Hochzeit ruft die Tochter ihre Mutter an. »Mama, wir hatten gestern unseren ersten Streit.«
»Beruhige dich, mein Kind, das kommt in jeder Ehe vor.«
»Ja, aber ich weiß nicht, wohin mit der Leiche?«

*

Frau Meier lässt überall im Haus nach ihrem Gatten suchen und findet ihn schließlich tot unter dem Bett. Sie läutet nach dem Dienstmädchen und sagt: »So räumen Sie auf!«

*

Die Ehefrau liegt im Sterben. Sie sagt zu ihrem Mann: »Du hast mich nie geliebt. Wenn ich jetzt sterbe, ich schwöre – in spätestens drei Monaten bist du wieder verheiratet.« Der Mann: »Schwör' nicht, ich glaub's dir auch so.«

*

»Woran ist Ihre Frau denn gestorben?«
»Sie hat zu schnell gelebt. Als ich sie heiratete, war sie fünf Jahre jünger als ich. Nach ihrem Tod habe ich erfahren, dass sie zehn Jahre älter ist als ich.«

*

Ein Mann liegt im Sterben. Er sagt zu seiner Frau: »Ich muss dir etwas gestehen, Liebes. Ich habe dich während unserer Ehe mit drei anderen Frauen betrogen!«
Sie: »Tröste dich, mein Lieber, ich muss dir auch etwas gestehen: ich habe dir das Gift verabreicht.«

*

Frau Meier lässt sich im Obstgeschäft beraten.
»Sind diese Äpfel mit Gift gespritzt? Ich möchte sie meinem Mann mitbringen.«
»Nein, das müssen Sie schon selbst machen. Diese sind leider aus biologischem Anbau.«

*

Meier trifft in der Stadt einen Bekannten, der Trauerkleidung trägt. »Wer ist denn gestorben?«, fragt er, »vielleicht Ihre Schwiegermutter?«
»Nein, meine Frau.«
»Auch gut«, meint Meier.

*

Im Haus wohnen zwei Familien mit den Namen »Meier«. Als Frau Meier im dritten Stock stirbt, läutet der Bestatter

irrtümlich im Parterre: »Guten Tag, Herr Meier. Wir wollen Ihre Frau abholen.«
Herr Meier ruft freudig in die Wohnung: »Inge, mach' dich fertig!«

*

Zwei Golfspieler spielen am siebten Loch, als ein Trauerzug vorbeikommt. Der eine Spieler hält nach dem Putten inne und verneigt sich kurz zu dem Bestattungsfahrzeug hin.
»Das war aber eine sehr noble Geste von Ihnen«, sagt sein Golfpartner anerkennend.
»Na ja, wir waren immerhin 30 Jahre verheiratet. Das gebührt der Anstand.«

*

Ein Mann geht mit seiner Frau eine Krawatte kaufen. Er verlangt eine rote.
Sie keift: »Rot passt nicht zu dir.«
Er nimmt eine blaue.
Sie: »Blau passt nicht zu dir.«
Er nimmt eine grüne.
Sie: »Grün passt nicht zu dir.«
Der Mann zieht einen Revolver, erschießt seine Frau und sagt: »Eine schwarze bitte.«

*

Ein Ehepaar läuft durch den Wald. Plötzlich greift sich der Mann an den Hals und fällt röchelnd um. Entsetzt greift die Ehefrau nach ihrem Handy und ruft den Notarzt an: »Mein Mann ist tot! Was soll ich tun?«

»Bleiben Sie ganz ruhig. Erst müssen wir überprüfen, ob Ihr Mann auch wirklich tot ist.«
Plötzlich fällt ein Schuss, dann meldet sich die Ehefrau wieder: »Okay und jetzt?«

*

Ein Mann liegt im Sterben. Seine Frau steht an seinem Bett und hält seine Hand. Er zu ihr: »Liebling, immer wenn es mir im Leben schlecht ging, warst du bei mir. Als ich meinen Job verloren habe, warst du bei mir. Als ich meinen Autounfall hatte, warst du bei mir. Als ich die Raten fürs Haus nicht mehr zahlen konnte, warst du bei mir. Jetzt liege ich todkrank im Sterben und du bist bei mir. Weißt du was, Liebling? Ich glaube, du bringst mir Unglück.«

*

Treffen sich nach langer Zeit zwei Freundinnen.
»Na, was gibt's Neues?«
»Mein Mann ist gestorben.«
»Wie denn das?«
»Ich habe Schweinebraten gekocht und wollte Kartoffeln dazu machen. Ich schickte ihn in den Keller um sie zu holen. Da ist er auf der Treppe ausgerutscht und tödlich verunglückt.«
»Herrje! Was hast du dann gemacht?«
»Schweinebraten mit Nudeln.«

*

Der Ehemann ist gestorben. Nach der Trauerfeier bittet die Witwe den Bestatter, ihr die Urne mit nach Hause zu geben. Zögernd willigt er ein. Zu Hause stellt die Frau die Urne auf den Küchentisch und holt eine Sanduhr aus dem Schrank. Sie öffnet die Urne, füllt die Asche in die Sanduhr, dreht diese herum und sagt, während die Asche durch das Glas rieselt: »So, mein Lieber, ab heute wird gearbeitet.«

*

Ein Mann hat gerade das Buch »Der Herr im Haus« gelesen. Er stürmt zu seiner Ehefrau. Mit dem Zeigefinger vor ihrem Gesicht fuchtelnd, sagt er: »Ich möchte, dass du weißt, dass ich von nun an der Herr im Haus bin, und mein Wort ist Gesetz. Ich möchte, dass du mir ein Gourmet-Abendessen servierst, gefolgt von einem exquisiten Dessert. Dann wirst du mir ein Bad einlassen, damit ich mich entspannen kann. Und wenn ich mit meinem Bad fertig bin, rate mal, wer mich anziehen und mir die Haare kämmen wird.«
Seine Frau: »Der Bestatter?«

*

Treffen sich zwei Bekannte. »Hast du gehört? Die dritte Frau vom Meier Kurt ist auch gestorben?«
»Ach ja? Drei Ehefrauen – und alle gestorben?«
»Ja, seine erste Frau starb an einer Pilzvergiftung.«
»Ach nee!«
»Doch. Und seine zweite Frau starb ebenfalls an einer Pilzvergiftung.«

»Sieh einer an. Wem das nicht spanisch vorkommt. Jetzt lass mich raten – seine dritte Frau starb auch an einer Pilzvergiftung?«
»Nö, die starb an einem Schädelbruch.«
»Ach so, also ein gewöhnlicher Unfall?«
»Nicht ganz. Sie wollte keine Pilze essen.«

*

Drei Freunde unterhalten sich über das Gewicht ihrer Ehefrauen. Sagt der erste: »Also, meine Frau hat ganz schön Übergewicht. Sie wiegt fast 80 Kilo.«
Darauf der zweite: »Meine Frau schwankt immer zwischen ihrem Normal- und ihrem Idealgewicht. Im Moment wiegt sie knapp 60 Kilo.«
Sagt der dritte: »Meine Frau ist sogar *unter* ihrem Idealgewicht.«
»Wieviel wiegt sie denn?«, wollen die beiden anderen wissen.
»Nun, ich schätze so zweieinhalb Kilo – also, ohne Urne!«

*

Fünf Wochen nach der Beerdigung ihres Ehemanns trifft sich die Witwe mit ihrer Freundin.
»Mein Mann hat mir drei Umschläge hinterlassen. Im ersten waren 1000 Euro.«
»Wofür denn?«
»Na ja, auf dem Umschlag stand: ›Für den Grabschmuck‹.
– Im zweiten Umschlag waren sogar 2000 Euro.«
»Und wofür waren diese?«
»Nun, auf diesem Umschlag stand ›Für einen schönen Sarg‹.«

»Da hat dein Mann ja gut vorgesorgt, und was war in dem dritten Umschlag?«
»Oh, da waren 10 000 Euro drin und auf dem Umschlag stand ›für einen schönen Stein‹.«
Die Witwe zeigt der Freundin ihren Ringfinger und freut sich: »Der ist doch schön, oder?«

*

Treffen sich zwei Freunde.
»Hallo, wie geht's dir?«
»Furchtbar, letzte Woche starb meine Frau.«
»Welche Tragödie! Was hat sie denn gehabt?«
»Ein kleines Einzelhandelsgeschäft und ein paar Tausend Euro auf der Bank.«
»Nein, ich meine, was hat ihr denn gefehlt?«
»Ein Bauplatz, um das Geschäft zu erweitern.«
»Das mein ich doch nicht. An was ist sie gestorben?«
»Ach so. Sie ist auf der Treppe gefallen und hat sich das Genick gebrochen.«

*

Ein Mann sitzt im ausverkauften Fußballstadion und schaut das Spiel ›Bayern gegen Barca‹. Neben ihm ein leerer Sitz. Irritiert fragt ihn sein Sitznachbar, ob der Platz jemandem gehöre?
»Nein, der Platz ist frei.«
»Aber das ist unmöglich! Wer in aller Welt hat eine Karte für ein Spiel ›Bayern gegen Barca‹ und lässt den Platz ungenutzt?«

»Nun, der Platz gehört mir. Meine Frau wollte mitkommen, aber sie ist verstorben. Es ist das erste Bayern-Spiel, das wir uns nicht gemeinsam ansehen, seit wir geheiratet haben.«
»Oh, das tut mir leid. Aber wollte denn niemand von Ihren Verwandten oder Freunden an Stelle Ihrer Frau mitkommen?«
»Nein, die sind alle auf ihrer Beerdigung.«

*

Ein Mann liegt sterbend im Bett. Röchelnd fühlt er den Tod nahen. Da dringt plötzlich ein himmlischer Duft in seine Nase. Ein kleiner Funke im hintersten Teil seines schwindenden Bewusstseins signalisiert: deine Lieblingsplätzchen! Anisplätzchen!
Er mobilisierte seine verbliebenen Energien und wuchtet sich schwer atmend aus dem Bett. Sich an der Wand des Schlafzimmers abstützend, schlurft er schnuppernd aus dem Zimmer. Mühsam hangelt er sich am Treppengeländer Stufe um Stufe hinunter ins Erdgeschoss. Am Ende seiner Kräfte angelangt, lehnt er sich an den Türrahmen und blickt in die Küche. Wüsste er nicht, dass er sterben würde, glaubte er, schon im Himmel zu sein.
Fein säuberlich auf Backpapier ausgelegt liegen Dutzende seiner geliebten Anisplätzchen auf dem Küchentisch. Ist er etwa schon im Himmel? Oder ist es ein letzter Liebesbeweis seiner Frau, mit der er seit 40 Jahren verheiratet ist?
Mit einer letzten Anstrengung lässt er sich gegen den Tisch fallen und sinkt auf die Knie. Seine spröden Lippen teilen

sich in freudiger Erwartung. Schon fühlt er den wunderbaren Geschmack der Plätzchen auf der Zunge. Seine Hand zitterte sich mühsam einem Plätzchen am Rande des Tisches entgegen.
Plötzlich klatscht ein Kochlöffel auf seine Finger: »Finger weg«, keift seine Frau, »die sind für die Beerdigung!«

*

Ein Ehepaar beschließt dem Winter in Deutschland zu entfliehen und bucht eine Woche Südsee. Leider kann die Ehefrau aus beruflichen Gründen erst einen Tag später als ihr Mann fliegen. Der Ehemann fährt wie geplant. Dort angekommen bezieht er sein Hotelzimmer und schickt seiner Frau per Laptop eine E-Mail. Leider vertippt er sich beim Eingeben der E-Mail-Adresse und vertauscht einen Buchstaben. So landet die Nachricht bei einer Witwe, die gerade von der Beerdigung ihres Mannes nach Hause kommt und die Beileidsbekundungen per E-Mail abruft. Als ihr Sohn das Zimmer betritt, sieht er seine Mutter bewusstlos zusammensinken. Sein Blick fällt auf den Bildschirm. Dort steht:
An: meine zurückgebliebene Frau
Von: Deinem vorgereisten Gatten
Betreff: Bin gut angekommen.
»Liebste, bin soeben angekommen. Habe mich hier bereits eingelebt und sehe, dass für deine Ankunft alles schon vorbereitet ist. Wünsche dir eine gute Reise und erwarte dich morgen. In Liebe, dein Mann.«
Ps: »Verdammt heiß hier unten!«

Auf einer Baustelle in Wien passiert ein schrecklicher Unfall. Meier ist vom Gerüst gestürzt und tödlich verunglückt. Seine Mitarbeiter überlegen nun, wer zu seiner Frau geht und es ihr erklärt.
Polier: »Na kommt schon, einer muss zu seiner Frau gehen und ihr sagen, was passiert ist. Ich kann nicht, ich muss auf dem Bau bleiben und schauen, dass alles weiterläuft.«
Lehrling: »Ich kann auch nicht, seine Frau kennt mich nicht und ich weiß nicht, wo sie wohnt.«
Lkw Fahrer: »Ich hab gerade einen Auftrag gekriegt, ich muss auf eine andere Baustelle fahren.«
Polier: »Na, ja. Aber einer muss es machen.«
In der Zwischenzeit kommt Roberto dazu.
Polier: »He, Roberto, du gehst zu Meiers Witwe und sagst ihr, dass er einen Unfall gehabt hat und tot ist!«
Roberto: »Okay Chef, ich gehe!«
Nach einer Stunde kommt Roberto mit zwei Kisten Bier zurück.
Polier: »He, du Idiot, du hättest zu Meiers Witwe gehen sollen, und nicht zwei Kisten Bier kaufen!«
Roberto: »Aber Chef, ich war bei Frau Meier!«
Polier: »Und wo kommen dann die zwei Kisten Bier her?«
Roberto: »Naja, ich gehe zu Frau Meier, läute an der Tür, sie macht auf. Darauf sage ich: ›Sind Sie die Witwe Meier?‹ Sie: ›nein‹ und ich: ›wetten wir um zwei Kisten Bier?‹«

Treffen sich zwei Freunde. »Ich baue gerade einen Stuhl für meine Schwiegermutter.«
»Und, wie kommst du voran?«
»Bis auf die Stromplatten ist alles fertig.«

*

»Na, was gibt's Neues?« fragt der Freund.
»Stell dir vor, meine Schwiegermutter ist gestern in Wien überfahren worden.«
Meint der Freund: »Ja, Wien bleibt eben doch Wien.«

*

»Hast du schon gehört, der Direktor vom Zuchthaus ist verhaftet worden.«
»Warum das denn?«
»Er hat seiner Schwiegermutter gezeigt, wie der elektrische Stuhl funktioniert.«

*

Treffen sich zwei Freunde. »Vor einer halben Stunde habe ich erfahren, dass meine Schwiegermutter gestorben ist. Sie wurde im Schlaf überrascht.«
»Oh, wie schrecklich«, sagt der andere, »sie weiß also noch gar nichts davon.«

*

Ein Mann steht am Grab seiner frisch beerdigten Schwiegermutter. Plötzlich kommt eine Hand aus dem Erdreich und eine Stimme ruft: »Hilfe, ich wurde lebendig begraben!«

Der Mann sieht sich kurz um, tritt die Erde wieder fest und sagt: »Aber nicht besonders gut!«

*

Treffen sich zwei Freunde. »Meine Schwiegermutter hat eine schlimme Katzenallergie, daran kann man sterben.«
»Ich kenne einen guten Heilpraktiker«, erwidert der andere, »der hat schon so manchen hoffnungslosen Allergiker geheilt.«
»Nicht nötig. Ich habe ihr bereits eine Katze gekauft.«

*

Ein Witwer hat nach der Trauerzeit wieder geheiratet. Aber nicht irgendeine Frau, sondern die Schwester seiner verstorbenen Ehefrau.
Fragt ihn sein Freund: »Liebst du denn deine neue Frau?«
»Naja, nicht so arg, aber soll ich mich in meinem Alter noch an eine neue Schwiegermutter gewöhnen?«

*

Ein Mann kommt von der Beerdigung seiner Schwiegermutter nach Hause. In dem Moment als er die Haustür aufschließt, fällt ihm von oben ein Dachziegel auf den Kopf. »Auah!«, schreit der Schwiegersohn und blickt böse nach oben. In den Himmel hinein ruft er: »So, du bist also bereits angekommen!«

*

Ein Mann versucht gerade eine Frau aus dem Fenster zu werfen. Unten auf der Straße beobachten Leute die Szene. Es ertönen Schreie: »Lassen Sie das! Das können Sie doch nicht machen!«
Der Mann schreit zurück: »Das ist meine Schwiegermutter.«
Plötzlich ertönen erneut Schreie aus der Menge: »Schaut Euch das an! Und sie wehrt sich auch noch!«

*

Ein Großwildjäger führt einem Freund seine Jagdtrophäen vor. Plötzlich stutzt der Freund: »Sag mal, ist das da oben nicht deine Schwiegermutter?«
»Ja, richtig.«
»Aber warum hat der präparierte Kopf so einen freundlichen Gesichtsausdruck?«
»Sie hat bis zuletzt geglaubt, dass sie fotografiert wird!«

*

Ein Mann sieht zuhause fern, als das Telefon klingelt. Seine Schwiegermutter ist dran und verkündet ihm, dass sie sich – nach den Diskussionen der letzten Wochen – nun doch dafür entschieden habe, eingeäschert zu werden.
Darauf der Schwiegersohn: »Na, prima, Inge. Ich bin gleich bei dir. Zieh dir ruhig schon mal den Mantel an, damit wir sofort losfahren können.«

*

Der Neuzugang im Knast wird gefragt: »Na, wie viele Jahre?«
»15.«
»Und wofür?«
»Ich habe meine Schwiegermutter durch ein Fernglas angeschaut.«
»Was, dafür kriegt man 15 Jahre?«
»Naja, ich hatte das Gewehr darunter nicht abgeschraubt.«

*

Ein Mann geht wegen der Feuerbestattung seiner Schwiegermutter zum Bestatter, um die Urne auszusuchen. Trotz langer Suche findet er keine passende. Er bedauert und kehrt am nächsten Tag zum Bestatter zurück – mit einem Einmachglas.
»Was wollen Sie denn damit?«, fragt ihn der Bestatter, »sind Ihnen unsere Urnen etwa alle zu teuer?«
»Nein, nein« antwortet der Schwiegersohn, »aber ich halte diese ›Urne‹ für genau richtig. Meine Schwiegermutter hat gerne aus dem Fenster geschaut.«

*

Wenige Wochen nach der Beerdigung seiner Schwiegermutter erhält ein Mann vom Finanzamt einen Vergnügungssteuer-Bescheid. Wütend ruft er bei der Behörde an: »Hören Sie mal. Das ist ja wohl der Gipfel – wegen einer Beerdigung von den Angehörigen auch noch Vergnügungssteuer zu verlangen!«
Der Finanzbeamte: »Ich war zufällig auf dem Friedhof anwesend. Ich habe genau gesehen, dass Sie mindestens ein

Dutzend Mal den Sarg wieder aus dem Grab heben und erneut absenken ließen. Dabei hatten Sie Freudentränen in den Augen.«

*

Ein Mann kommt in die Leichenhalle und sagt zum Totengräber: »Könnten Sie meine Schwiegermutter bitte auf dem Bauch liegend beerdigen?«
»Guter Mann, das ist unmöglich. In Deutschland darf nur rücklings bestattet werden, da gibt es strenge Vorschriften.«
»Ich biete Ihnen 10 000 Euro, wenn Sie bei meiner Schwiegermutter eine Ausnahme machen und sie auf dem Bauch in den Sarg legen.«
»Na gut.« 10 000 Euro wandern in die Tasche des Totengräbers.
»Aber, sagen Sie mir mal, warum Sie darauf bestehen, dass Ihre Schwiegermutter bäuchlings beerdigt wird.«
»Man hört so viel von Scheintoten. Wenn sie wirklich wieder aufwacht, soll sie nach unten graben.«

*

Beim Verlassen einer Kneipe sieht Herr Meier eine seltsame Trauer-Prozession, die sich an ihm vorbei auf den Friedhof zubewegt. Zu Beginn des Trauerzuges ist ein einzelner Sarg, diesem folgt mit großem Abstand ein Mann mit einem gefährlich aussehenden Hund. Mit etwas Abstand folgen fünfzig weitere Männer.
Herr Meier ist neugierig und spricht den Mann mit dem gefährlichen Hund an: »Entschuldigen Sie, wenn ich Sie

störe. Ich möchte Ihnen mein Beileid aussprechen. Wen tragen Sie denn da zu Grabe?«
Der Mann: »Das ist meine Schwiegermutter.«
»Was ist ihr denn passiert?«
»Mein Hund hat sie gebissen und getötet.«
»Kann ich mir Ihren Hund mal ausleihen?«
»Ja, aber bitte hinten anstellen!«

*

Ein Mann hat sich den Film »Die Passion Christi« angeschaut und ist so begeistert, dass er mit der ganzen Familie nach Israel reist, um die Orte zu besuchen, wo Jesus lebte und starb. In Israel stirbt seine Schwiegermutter. Ein Bestatter in Tel Aviv bietet ihm an: »Wir können Ihre Schwiegermutter mit dem Flugzeug nach Hause bringen lassen, das kostet Sie 10 000 Euro oder sie hier bestatten, für 500 Euro.«
Der Schwiegersohn überlegt kurz und entscheidet: »Ab nach Hause.«
Der Bestatter: »Es gibt hier wirklich schöne Bestattungen, warum wählen Sie die teure Variante?«
Der Schwiegersohn: »Wissen sie, vor gut 2000 Jahren wurde hier ein Mann bestattet, der nach 3 Tagen wieder auferstanden ist. Dieses Risiko möchte ich nicht eingehen.«

Meiers Frau soll beerdigt werden. Die Angehörigen sind vollständig in Meiers Haus versammelt, nur Meier selbst fehlt. Man sucht ihn überall. Vergebens.
Schließlich entdeckt man ihn im Bett der Nachbarin.
»Aber Meier, wie konntest du nur?«
Meier schluchzt: »Bin ich verantwortlich für das, was ich in meiner Trauer tue?«

*

Ein 82-jähriger geht zum Arzt. »Ich werde nächste Woche noch einmal heiraten, Herr Doktor.«
»Schön für Sie. Wie alt ist denn ihre Braut?«
»18.«
»Oh, ich muss Sie warnen, zu viel Aktivität im Bett könnte tödlich sein.«
»Okay, aber da muss sie durch. Wenn sie stirbt, dann stirbt sie eben.«

*

Treffen sich zwei Freundinnen. Die eine humpelt auf einem Gipsbein.
»Was hast du denn gemacht? Warst du Skifahren?«
»Nein, dir kann ich es ja sagen. Ich hatte da so einen irren Typen kennengelernt, einen jungen knackigen Bestatter. Der wollte es unbedingt mit mir im Sarglager treiben. Als seine Kollegen kamen, haben wir uns getrennt in zwei Särgen versteckt. Ausgerechnet meinen nahmen sie mit und als sie ihn in den Leichenwagen schoben habe ich geschrien. Da haben sie meinen Sarg vor Schreck fallen gelassen.«

Arzt zum Patienten: »Davon nehmen Sie heute Abend eine Tablette und wenn Sie morgen früh aufwachen sollten, noch eine.«

*

Nachdem der Arzt einen Patienten untersucht hat, ruft er einen Freund an: »Du sucht doch eine Wohnung. Ich kenne da eine, die bald frei wird!«

*

Der Arzt am Sterbebett: »Ihre Frau gefällt mir gar nicht.«
Darauf der Ehemann: »Mir auch nicht, Herr Doktor, aber es wird ja nicht mehr lange dauern, oder?«

*

Arzt zum Patienten: »Das ist nichts Ernstes. Mit Ihrem Leiden können Sie achtzig Jahre alt werden.«
Patient: »Um Himmels willen, Herr Doktor, ich bin doch schon vierundachtzig.«

*

»Sie müssen beim Ausfüllen des Totenscheines mehr Sorgfalt walten lassen«, mahnt der Oberarzt den Assistenzarzt. »Sie haben schon wieder in der Spalte ›Todesursache‹ Ihren eigenen Namen eingetragen.«

*

Der Chefarzt zum Assistenzarzt: »Na, wie war Ihre erste Operation?«

Der Assistenzarzt wird blass: »Operation? Ich dachte, das war eine Obduktion.«

*

Ein Mann betritt das Krankenzimmer. »Wie groß sind Sie?«, fragt er den Patienten.
»1,82 Meter, aber das wissen Sie doch schon, Herr Doktor.«
»Ich bin nicht der Doktor, ich bin der Schreiner.«

*

Sagt der Arzt zum Patienten: »Es tut mir leid, Ihnen das mitteilen zu müssen, aber Sie haben höchstens noch drei Wochen zu leben.«
»Na Gott sei Dank Herr Doktor, ich dachte schon, ich müsste morgen wieder zur Arbeit.«

*

Der Arzt zu einem alten Patienten: »Sie sollten sich angewöhnen, häufiger auf dem Rücken zu schlafen.«
»Wieso denn das?«, fragt der Patient.
Der Arzt: »Im Sarg werden Sie auch auf dem Rücken liegen müssen.«

*

Ein Patient wacht aus der Narkose auf und fragt erstaunt: »Herr Doktor, ihr Bart ist aber gewachsen. Hat die Operation so lange gedauert?«
»Erstens habe ich schon immer einen langen Bart und zweitens heiße ich Petrus.«

Arzt zum Patienten: »Es besteht kein Zweifel mehr. Sie sind vergiftet worden.«
Patient: »Womit denn, um Himmels Willen?«
Arzt: »Keine Sorge, das werden wir bei der Obduktion feststellen.«

*

Als der Unfallverletzte im Krankenhaus aufwacht, läutet er nach der Schwester:
»Hören Sie mal, der Mann neben mir ist doch sterbenskrank. Den können Sie doch nicht hier neben mir liegen lassen. Der gehört doch ins Sterbezimmer.«
Die Schwester: »Dies hier ist das Sterbezimmer!«

*

Die Oma ist schwer krank und liegt im Krankenhaus. Die Ärzte befürchten, dass sie nicht mehr lange lebt. Alle Familienangehörigen und Verwandten sind zu Besuch.
Als gegen Ende der Besuchszeit alle Abschied nehmen, hat die Oma Tränen in den Augen. Sagt die Enkelin: »Sei doch nicht traurig Oma, wie kommen ja alle bald wieder – zu deiner Beerdigung.«

*

Der wütende, grippegeplagte Patient brüllt ins Telefon: »DREI WOCHEN??? Der Doktor kann mich erst in drei Wochen empfangen? Da könnte ich ja schon tot sein!!!«
Eine ruhige Stimme am anderen Ende sagt: »Falls das so kommt, könnte dann bitte Ihre Frau den Termin absagen?«

Nach einem Verkehrsunfall wird die Frau des Opfers ins Krankenhaus gerufen. »Herr Doktor, wie geht's meinem Mann?«
»Beruhigen Sie sich gute Frau, fast alle Verletzungen ihres Mannes sind in wenigen Tagen geheilt.«
»Was meinen Sie mit fast alle Verletzungen?«
»Naja, alle außer der Kopfverletzung, die war tödlich.«

*

Die Frau sitzt mit verweinten Augen beim Hausarzt.
»Herr Doktor, stellen Sie sich vor, letzte Nacht ist mein Mann gestorben.«
Der Arzt ist konsterniert, muss aber irgendetwas sagen. Teilnehmend fragt er:
»Hat er denn viel geschwitzt?«
»Oh ja, Herr Doktor, er hat schrecklich geschwitzt.«
Da nickt der Arzt, hebt den Zeigefinger und tröstet: »Schwitzen ist gut.«

*

Der Kranke zittert vor Angst während er noch bei vollem Bewusstsein auf dem Operationstisch liegt.
»Wird die Operation auch gelingen?«, fragt er den Chirurgen.
»Nun ja, von zehn Patienten kommt einer durch.«
»Aber, Herr Doktor, ist das nicht eine verdammt winzige Chance?«
»Sagen Sie das nicht, die neun vor Ihnen sind alle gestorben.«

Psychiater zur Patientin, die an der Wahnvorstellung leidet, tot zu sein:
»Sagen Sie, glauben Sie, dass eine Leiche Schmerz empfindet?«
»Nein, das kann ich mir nicht vorstellen.«
»Gut«, sagt der Psychiater, nimmt eine Nadel und sticht der Patientin in den Arm. Sie schreit auf.
»Sehen Sie!«, triumphiert er, »was sagen Sie jetzt!«
»Ich muss zugeben, Sie haben recht«, sagt die Patientin, »Leichen können doch Schmerz empfinden.«

*

Das Telefon klingelt: Meier hebt ab, das Krankenhaus ist dran. Der Arzt: »Ihre Frau hatte einen schlimmen Unfall. Ich habe jetzt eine gute und eine schlechte Nachricht für Sie: Die schlechte Nachricht ist, sie kann ihre Arme und Beine nicht mehr bewegen und wird bis an ihr Lebensende künstlich ernährt werden müssen.«
Meier: »Um Gotteswillen! Und was ist die gute Nachricht?«
Der Arzt: »Ich habe nur gescherzt, in Wirklichkeit ist sie tot.«

*

Fragt der Psychiater den Patienten: »Haben Sie Verwandte?«
»Ja, einen Zwillingsbruder. Wir wurden immer verwechselt. Wenn er etwas angestellt hatte, bekam ich die Prügel. Aber jetzt habe ich es ihm heimgezahlt.«
»Wie denn das?«
»Letzte Woche bin ich gestorben, aber ihn haben sie beerdigt.«

Ein Künstler fragt den Galeristen, ob sich irgendjemand für seine Gemälde interessiert hätte.
»Ich habe eine gute und eine schlechte Nachricht für Sie«, sagt der Galerist, »die Gute ist, dass gestern ein Herr sich nach Ihren Bilder erkundigt hatte. Er fragte mich, ob die Bilder nach Ihrem Tode im Wert steigen würden. Als ich das bejahte, hat er alle 12 Bilder gekauft.«
»Das ist ja fantastisch«, freute sich der Künstler, »und was ist die schlechte Nachricht?«
»Dieser Herr war Ihr Arzt!«

*

Auf einem Kongress trifft der Gastredner ein. Er ist völlig aufgelöst, weil er seine Zahnprothese zu Hause vergessen hat. Jetzt befürchtet er, sich vor dem Publikum zu blamieren.
»Ich kann auf keinem Fall so auftreten«, sagt er.
Meint einer der Anwesenden: »Warten Sie einen Augenblick, ich kann ihr Problem gleich lösen.«
Nach ein paar Minuten kehrt der Mann zurück mit einer Tasche voller Zahnprothesen. Er lässt den Gastredner einige ausprobieren, bis der tatsächlich eine findet, die perfekt passt.
Nach seinem Auftritt bedankt sich der Gastredner bei seinem »Retter«.
»Sagen Sie mal, könnten Sie mich als Patient aufnehmen, ich suche schon lange einen guten Zahnarzt.«
Der Mann: »Wieso Zahnarzt? Ich bin Bestatter.«

*

Ein Mann mit einem Glasauge hat den sehnlichen Wunsch, wieder auf beiden Augen sehen zu können. Der Chirurg macht ihm große Hoffnungen: »Das lässt sich bei dem heutigen Stand der Medizin durchaus bewerkstelligen. Sie müssen nur noch einen Spender ausfindig machen, der Ihnen ein Auge opfert.«
Auf der Nachhausefahrt wird der Einäugige von einem rasanten Autofahrer überholt. Drei Kurven weiter knallt der schnelle Wagen gegen einen Baum, das Auto ist nur noch ein Trümmerhaufen, der Fahrer sofort tot. Der Einäugige erkennt seine Chance. Er zückt sein Taschenmesser, ein Schnitt, dem Verunglückten wird das überflüssige Glasauge verpasst und nichts wie zurück in die Klinik.
Dort klappt die Transplantation reibungslos. Am nächsten Tag wird der Verband entfernt und glücklich, wieder auf beiden Augen sehen zu können, greift der Patient zur Tageszeitung. Er liest die Schlagzeile: »Polizei steht vor einem Rätsel. Sportwagenfahrer gestern mit zwei Glasaugen tödlich verunglückt!«

*

Der Ehemann wird von seiner Frau zum Arzt begleitet. Nach eingehender Untersuchung des Mannes, verlangt der Arzt dessen Frau allein im Arztzimmer zu sprechen.
»Ihr Mann ist sehr krank«, eröffnet der Arzt das Gespräch, »er leidet unter ›vegetativer Dystonie‹, einer Stresskrankheit. Er braucht jetzt viel Ruhe und Zuneigung und vor allem – wenig Stress. Deswegen sollten Sie ihm alle Wünsche erfüllen und immer für ihn da sein. Nur dann kann er

wieder gesund werden. Sonst wird er über kurz oder lang sterben.«
Die Ehefrau ist geschockt. »Oh Gott, Herr Doktor, was soll ich denn da im Einzelnen tun?«
»Nun«, sagt der Arzt, »kochen Sie ihm jeden Tag sein Lieblingsessen, am besten morgens, mittags und abends. Nehmen Sie ihm alle Behördengänge, Einkäufe, Telefonate und sonstige Erledigungen ab.
»Oh!«, sagt die Ehefrau.
Der Arzt weiter: »Massieren Sie ihn täglich eine Stunde und haben Sie täglich mit ihm Sex.«
»Oh! Oh!«, sagt die Ehefrau.
»Wenn Sie das die nächsten 12 Monate machen, hat Ihr Mann eine Chance, wieder gesund zu werden.
Nachdem das Ehepaar wieder zu Hause ist, fragt der Mann seine Frau:
»Du sag mal, was hat eigentlich der Arzt im Sprechzimmer zu dir gesagt?«
»Dass dein Fall hoffnungslos ist«, sagt seine Frau, »man kann nichts machen – du musst sterben.«

Eines Tages wird die Stadt von einer unheimlichen Selbstmordserie heimgesucht. Die Kripo arbeitet fieberhaft, bis sie endlich durch Zufall auf des Rätsels Lösung stößt. Ein neues Bestattungsunternehmen hatte zur Eröffnung ein Sonderangebot offeriert:

> BESTATTUNGEN KARL VALENTIN
>
> **Happy Hour**
>
> Zwischen 16 und 20 Uhr alle Särge nur 3000,– €
>
> (außer Eichen- und Mahagonisärgen)
>
> Telefon: 34 56

*

Ein Angehöriger sucht beim Bestatter das Leichenhemd für seinen verstorbenen Bruder aus. Nachdem er sich mehrere angesehen hat, sieht er eines, das wesentlich teurer ist als alle anderen. Er erkundigt sich nach dem Grund.
»Qualität hat eben ihren Preis«, sagt der Bestatter.
»Und woran macht man das bei diesem Hemd fest?«, fragt der Angehörige.
»Es ist bügelfrei.«

*

In Venedig ist ein armer Mann gestorben. Seine Witwe geht zum Bestatter und klagt, dass für das Begräbnis fast kein Geld da ist.
»Dann eben dritter Klasse«, entscheidet der Bestatter.

»Was bedeutet das?«
»Der Sarg und der Pfarrer sind in der Gondel – die Angehörigen müssen hinterher schwimmen.«

*

Ein Bestatter, gefragt nach seinem spektakulärsten Sterbefall, antwortete Folgendes:
»Wir beerdigten einmal einen Mann, der von einer Dampfwalze überrollt wurde. Er lag zunächst noch im Krankenhaus in den Zimmern 204 bis 209. Als er tot war, wurde er zu uns ins Bestattungsinstitut gefaxt. Dort mussten wir 15 Meter aufrollen und die Rolle dann in den Sarg legen.«

*

Zwei Bestatter treffen sich: »Du, stell' dir vor, ich hatte neulich einen Fall, da wollte jemand im Sitzen beerdigt werden.«
Sagt sein Kollege: »Naja, da sind halt die Kosten für die Aushebung des Grabes etwas höher, aber sonst macht es keinen Unterschied, ob im Liegen, Sitzen oder Stehen. Tot ist tot.«

*

Die Witwe steht am offenen Sarg ihres Mannes und sagt zum Bestatter:
»Wie konnten Sie meinen verstorbenen Mann nur ganz in weiß kleiden! Das sieht ja entsetzlich aus!«
Sie steckt seinem Gehilfen einen Hunderter in die Tasche

und fragt ihn, ob er das ändern könne. Der nimmt den Sarg mit und ist nach fünf Minuten wieder zurück. Der Tote ist jetzt in einen schönen schwarzen Anzug gekleidet.
Fragt die Frau: »Wie konnten Sie das so schnell ändern?«
»Ach, gnädige Frau, für einen Hunderter wechseln wir bloß die Köpfe.«

*

Ein Mann kommt zum Bestatter um einen Vorsorgevertrag abzuschließen.
»So, Feuerbestattung haben wir drin«, sagt der Bestatter, »und wo soll die Asche beigesetzt werden. Vielleicht in einer schönen Stele?«
»Nein, ich will, dass sie verstreut wird – und zwar über der Dorfdisco.«
»Über der Disco?! – Warum das denn?«, staunt der Bestatter.
»Ich will sichergehen, dass meine Tochter mich mindestens einmal pro Woche besucht.«

*

Opa ist gestorben. Seine Witwe und die Tochter gehen ins Bestattungsinstitut mit einer besonderen Bitte: Zeit seines Lebens hatte Opa immer eine Baskenmütze getragen, die soll er nun auch im Sarg tragen. Aber was die beiden Frauen auch anstellen, die Mütze rutscht immer wieder von Opas Kopf.
Da sagt der Bestatter zu den Frauen: »Lassen Sie mich mal kurz allein. Ich will mal etwas versuchen.«

Als er die Frauen nach fünf Minuten wieder hereinruft, sitzt die Baskenmütze perfekt auf Opas Kopf.
»Wie zu seinen Lebzeiten. Wie haben Sie das nur so toll hingekriegt?«, fragt die Witwe erstaunt.
Räuspert sich der Bestatter: »Mit einem Tapeziernagel.«

*

Ein Angehöriger kommt zum Bestatter um den Sarg aussuchen:
»Ich habe gehört, Beerdigungen sind immer so teuer. Ich möchte auf keinen Fall zu viel bezahlen.
»Ich habe da ein sehr schönes Sargmodell, das ich Ihnen guten Gewissens empfehlen kann«, sagt der Bestatter.
»Wieviel soll es denn kosten?«
»Haben Sie schon einmal ein Haus gekauft?«, fragt der Bestatter.
… der Angehörige schnappt hörbar nach Luft.
»Nehmen Sie diesen Preis einfach mal zehn.«
… der Angehörige hat Atemnot und Herzstillstand. Nachdem er wieder zu sich gekommen ist, einigt er sich mit dem Bestatter auf einen wesentlich günstigeren Sarg. Trotzdem äußert er, als es zum Vertragsabschluss kommt, noch einmal seine Bedenken.
»100 000 Euro für einen Sarg sind aber ganz schön viel.«
Sagt der Bestatter: »Sie müssen das relativ sehen. Verteilt auf 3 Generationen, also 60 Jahre, verteilt auf 365 Tage, sind das gerade einmal 4,5 Euro pro Tag. Die werden Sie doch wohl noch haben. Dann trinken Sie halt täglich ein Bier weniger.«

Ein Mann kommt geknickt zum Bestatter.
»Meine Oma ist gestorben. Ich liebte sie sehr und ich möchte einen schönen Sarg für sie aussuchen.«
»Ja, kein Problem. Da hätten wir das Modell ›de luxe‹. Bestes Ebenholz, schwarz lackiert, platiner Rahmen, mit Diamanten verziert, innen schön gepolstert. Für 15 000 Euro.«
»Uiih, das ist aber teuer. Haben Sie nichts Günstigeres?«
»Klar. Das Modell ›Comfort‹. Immer noch liebevoll und edel, aber ohne Diamanten. Das kostet 10 000 Euro.«
»So viel habe ich auch nicht. Was haben Sie denn noch?«
»Naja, unser Standard-Modell ohne Polsterung für 7000 Euro.«
»Das ist immer noch zu teuer«, stöhnt der Mann.
»Ja, Mensch. Dann halt die Variante Standard-Schlicht, unlackiert. Merkt Ihre Oma ja eh nicht. Kostet nur 4000 Euro.«
»So viel wollte ich eigentlich auch nicht ausgeben«, jammert der Mann.
Dem Bestatter reicht's. »Für Fälle wie Sie haben wir noch das Sozial-Modell. Aus Sperrholz. Oma rein, Klappe zu, fertig. 1000 Euro.«
»1000 Euro? Zu viel Geld für mich!«
»Wissen Sie was!«, sagt der Bestatter, »bringen Sie Ihre Oma vorbei, wir schrauben vier Griffe dran.«

*

Das Finanzamt schickt einen Betriebsprüfer in ein Bestattungshaus. Während der die Ausgaben kontrolliert, wendet er sich dem Bestatter zu und fragt:
»Ich sehe hier, dass Sie eine Menge Stoff zum Ausschlagen

der Särge einkaufen. Was tun Sie eigentlich mit den Resten, die zu klein sind, um sie zu verwenden?«

»Gute Frage«, antwortet der Bestatter, »wir sammeln die Reste und schicken sie an den Hersteller zurück. Von Zeit zu Zeit schickt dieser uns dafür eine ganze Rolle mit kostenlosem Stoff.«

»Oh«, entgegnet der Betriebsprüfer, ein bisschen enttäuscht darüber, auf diese ungewöhnliche Frage eine Antwort zu erhalten. Er macht jedoch weiter in seiner penetranten Art.

»Was ist eigentlich mit diesem Band, auf das Sie die Schleifen für die Trauerkränze drucken? Was machen Sie mit den Überbleibseln, diesen kurzen Endstücken?«

»Ah ja«, erwidert der Bestatter, der langsam begreift, dass der Betriebsprüfer ihn mit einer nicht zu beantwortenden Frage aufs Glatteis führen will.

»Wir sammeln die Reste und schicken sie zurück an den Schleifenbandhersteller. Von Zeit zu Zeit erhalten wir dafür einen kostenlosen Karton mit Schleifenbändern.«

»Aha«, sagte der Betriebsprüfer und denkt angestrengt darüber nach, wie er den »Ich-weiß-auf-alles-eine-Antwort-Bestatter« doch noch kriegen könnte. Er fährt fort:

»Aber da bleiben bei Unfallleichen doch manchmal kleine Teile übrig, zum Beispiel mal ein Finger, mal ein Ohr oder ein Fuß. Was machen Sie denn damit?«

»Nun, auch hier verschwenden wir nichts«, antwortet der Bestatter. »Wir heben alle diese kleinen Haut- und Fleischreste, Organteile und Gliedmaßen auf und senden sie ans Finanzamt – und einmal im Jahr schicken sie uns einen kompletten Idioten zurück!«

Ein Mörder ist zum Tode verurteilt worden. Kurz bevor er an den Galgen kommt, besucht ihn der Pfarrer: »Ich komme, um dir Gottes Wort zu verkünden, mein Sohn.«
»Wozu brauche ich da Sie, Pfarrer? In einer halben Stunde treffe ich den Herrn persönlich!«

*

Der Pfarrer liest die Trauermesse. Er kann sich einen kleinen Seitenhieb auf den Verstorbenen nicht verkneifen und moniert: »Ein großer Kirchgänger ist er ja leider nicht gewesen …« Die Sargträger, die den Verstorbenen kannten, nicken zustimmend. Einer flüstert: »Und wenn wir ihn heute nicht hierhergetragen hätten, wäre er wieder nicht gekommen.«

*

Ein Mann will seinen geliebten Hund beerdigen lassen. Er geht zum Pfarrer und fragt, ob der bereit ist für das Tier eine Totenmesse abzuhalten. Der Pfarrer weist das Anliegen empört zurück. Dafür käme eine stadtbekannte Sekte in Betracht, die einen Tierkult betreibe. Der Mann bedankt sich beim Pfarrer für den Hinweis und fragt zum Schluss: »Wissen Sie zufällig, ob man dort mit 5000 Euro als Spende einverstanden ist?«
Darauf der Pfarrer: »Warum haben Sie denn nicht gleich gesagt, dass der Hund katholisch ist?«

*

Der Lehrer fragt die Kinder in der Schule, ob sie sich schon einmal Gedanken über den Tod gemacht hätten und wie sie am liebsten sterben möchten. Der kleine Simon meldet sich: »Ich möchte mal so sterben wie mein Opa. Der ist friedlich eingeschlafen.«
Der Lehrer nimmt die Antwort zufrieden zur Kenntnis und fragt: »Und habt ihr auch einmal daran gedacht, wie ihr auf keinen Fall sterben wollt. Wieder hebt Simon die Hand: »Ja, so wie die drei anderen, die bei Opa im Auto saßen.«

*

Ein Mann liegt auf der Intensivstation. Er ist an mehrere Schläuche angeschlossen. Da es ihm sehr schlecht geht, besucht ihn der Pfarrer. Plötzlich fängt der Mann an zu keuchen. Da er nicht sprechen kann, bittet er in Zeichensprache um einen Stift und ein Blatt Papier. Der Pfarrer reicht ihm beides sofort. Der Patient kritzelt einen Satz auf den Zettel und stirbt. Der Pfarrer denkt sich: das geht mich nichts an, und bringt den Zettel der Witwe. Die liest ihn und fällt in Ohnmacht. Der Pfarrer nimmt den Zettel und liest: »Geh von meinem Schlauch runter, du Idiot!«

*

Ein Fußballer geht in die Kirche und fragt den Pfarrer: »Sagen sie, wird im Himmel eigentlich auch Fußball gespielt?«
Darauf der Pfarrer: »Komm in einer Woche wieder, mein Sohn, ich frage inzwischen mal nach.«
Eine Woche später kommt der Fußballer wieder.
Sagt der Pfarrer: »Also, es gibt eine gute und eine schlech-

te Nachricht, mein Sohn. Welche willst du zuerst hören?«
»Die Gute!«
»Im Himmel wird tatsächlich Fußball gespielt.«
»Und was ist dann die schlechte Nachricht?«
»Du bist bereits für das nächste Heimspiel aufgestellt!«

*

Der Pfarrer ist gestorben. Anlässlich seiner Beerdigung spricht der Bischof: »Ich erinnere mich noch, wie Pfarrer Braun vor 20 Jahren in diese Gemeinde kam. Er rief mich damals an und war entsetzt über die Moral, die hier herrschte. Schon in der ersten Beichte hat ihm jemand gestanden, dass er seine Frau betrügt, der Nachbarin ein Kind gemacht, sechs anderen Frauen in der Gemeinde die Syphilis angehängt und mit der Ziege des Oberbauern Unzucht getrieben hat. Nun gut, das ist lange her und ich sehe, dass Sie alle hier anständige Leute sind.«
Insgesamt spricht der Bischof zwanzig Minuten. Als er mit seiner Rede fertig ist, kommt atemlos der Bürgermeister angerannt, mal wieder viel zu spät, um seine Rede zu halten: »Werte Trauergemeinde! Stets hat mich ein inniges Verhältnis mit Pfarrer Braun verbunden. Ich war damals der Erste, der bei ihm gebeichtet hat.«

*

Es ist Herbst. Simon und sein Freund gehen nach der Schule auf den Friedhof, um Kastanien zu sammeln. Nachdem sie alle aufgelesen haben, beginnen sie die Beute gegenseitig aufzuteilen: »Diese nimmst du, diese nehm' ich …«

Herr Meier befindet sich eine Hecke weiter und pflegt gerade das Familiengrab. Er hört die Jungen, sieht sie aber nicht. Mit der Zeit bekommt er Angst. Er denkt, es handele sich um überirdische Stimmen. Schließlich erfasst ihn die Panik und er rennt hinüber zum Pfarrer, der unweit des Friedhofs wohnt. Aufgeregt erstattet er Bericht: »Herr Pfarrer, der liebe Gott ist auf dem Friedhof und teilt sich mit dem Teufel die Seelen der Verstorbenen auf.«
Der Pfarrer ist zunächst skeptisch, geht aus Neugier aber mit auf den Friedhof. Als sie an Meiers Familiengrab ankommen, hören sie wieder: Diese bekommst du, diese bekomme ich …«
Nun erfasst auch den Pfarrer die Angst. In diesem Moment fallen zwei weitere Kastanien von einem Baum herunter. Sie rollen in der Nähe des Platzes, wo Herr Meier und der Pfarrer stehen. Auch Simon und sein Freund haben dies mitbekommen und möchten diese zwei Kastanien ihrer Sammlung zufügen.
Herr Meier und der Pfarrer hören, wie Simon zu seinem Freund sagt: »Du kannst die hier ja schon mal einpacken. Ich gehe in der Zwischenzeit die beiden hinter der Hecke holen, die nehmen wir auch noch mit.«

Ein Mann kommt in den Himmel. Hier sieht er als erstes einen Baum auf einer schneeweißen Wolke, an dem lauter Glocken hängen. Nach einiger Zeit erklingt eine der Glocken. Der Mann fragt: »Was war denn das?«
»Ein Mensch auf der Erde hat gelogen«, bekommt er zur Antwort.
Plötzlich fangen alle Glocken an zu schellen und der Baum fällt durch die Schwingungen um.
»Und was ist das?«
»Es wird gerade deine Trauerrede gehalten!«

*

Kommt eine Frau nach ihrem Tod in den Himmel und fragt gleich Petrus, ob sie ihren verstorbenen Mann treffen könne. Der schaut in der Datei nach, findet aber keinen Eintrag.
»Vielleicht ist er bei den Seligen?« Kein Eintrag.
Auch bei den Seligen ist er nicht zu finden.
Da fragt Petrus: »Sagen Sie, gute Frau, wie lange waren Sie denn verheiratet?«
»Fast 50 Jahre«, antwortet diese stolz.
»Na, da finden wir ihn wohl bei den Märtyrern.«

*

Auf der Autobahn: Ein Ferrari- und ein Porschefahrer veranstalten ein Rennen, beide überholen dabei einen Golf. Eine Stunde später treffen sich alle drei auf Wolke 7 wieder. Fragt der Golffahrer den Ferrarifahrer: »Warum bist du denn hier?«

»Nachdem ich dich überholt hatte, bin ich gegen einen Brückenpfeiler gedonnert.«
Der Golffahrer zum Porschefahrer: »Und warum bist du hier?«
»Ich habe den Ferrarifahrer gesehen, wie er gegen die Brücke gekracht ist und habe mich vor lauter Schreck überschlagen.«
Dann fragt der Porschefahrer den Golffahrer: »Aber warum bist du eigentlich hier?«
»Als ich von euch überholt worden bin, habe ich gedacht, ich stehe und bin ausgestiegen.«

*

Im Himmel wird an die Pforte geklopft. Petrus steht auf, geht an die Tür und fragt den davorstehenden Mann: »Wie heißt du mein Sohn?«
Der Mann antwortet: »Ich bin Peter Müller aus Ham …« und schwupp weg ist er.
Petrus ist irritiert und legt sich wieder hin. Da klopft es wieder. Petrus öffnet, derselbe Typ an der Tür: »Ich bin Peter Müller aus Ham …« und schwupp ist er wieder weg.
Als sich das ganze vier oder fünf Mal wiederholt, marschiert Petrus zum Chef: »Tag Gott … sag mal, was geht denn hier ab? Schon ein paar Mal steht heute ein Mann vor der Tür und meint, er sei Peter Müller aus Ham … und dauernd zappt es ihn wieder weg.«
»Ach der«, meint Gott, »das ist Peter Müller aus Hamburg, der liegt auf der Unfallstation und wird gerade wiederbelebt.«

Petrus und der Chef einigen sich darauf, künftig nur noch spektakuläre Todesfälle aufzunehmen. Es klopft an der Himmelstür. Petrus: »Nur noch außergewöhnliche Fälle!« Der Verstorbene: »Höre meine Geschichte! Ich dachte schon immer, meine Frau betrügt mich. Also komme ich überraschend drei Stunden früher von der Arbeit, renne wie wild die sieben Stockwerke zu meiner Wohnung hinauf, reiße die Tür auf, suche wie ein Wahnsinniger die ganze Wohnung ab. Und – auf dem Balkon finde ich einen Kerl und der hängt am Geländer. Also, ich hole einen Hammer, haue dem Kerl auf die Finger, der fällt runter und landet direkt auf einem Strauch und steht wieder auf. Ich zurück in die Küche, greife mir den Kühlschrank und schmeiße das Ding vom Balkon: TREFFER! Nachdem der Kerl nun platt ist, bekomme ich von dem ganzen Stress einen Herzinfarkt.«

»Okay«, sagt Petrus, »ist genehmigt, komm rein.«

Kurz darauf klopft es wieder. »Nur außergewöhnliche Fälle!«, ruft Petrus!

»Kein Problem«, sagt der Verstorbene: »Ich mache wie jeden Morgen meinen Frühsport auf dem Balkon, stolpere über den beschissenen Hocker, falle über das Geländer und kann mich in letzter Sekunde ein Stockwerk tiefer am Geländer festhalten. ›Meine Güte‹, dachte ich, ›was für ein Glück, ich lebe noch‹. Da kommt plötzlich ein völlig Durchgeknallter und haut mir mit dem Hammer auf die Finger, ich stürze ab, lande aber auf einem Strauch und denke: ›Das gibt es nicht – zum zweiten Mal überlebt! Ich schau nach oben und da trifft mich ein Kühlschrank.«

»Okay«, sagt Petrus, »rein in den Himmel.«
Und schon wieder klopft es an der Himmelstür.
»Nur außergewöhnliche Fälle!«, ruft Petrus.
»Kein Problem«, sagt der Verstorbene, »ich sitze nach einer scharfen Nummer völlig nackt im Kühlschrank ...«

Der Friedhof übt eine eigentümliche Faszination aus. Vor allem auf Kinder und alte Menschen. Kinder kommen dort zum ersten Mal mit dem Tod in Berührung. Oft machen sie ein Spiel daraus »Gräber zu gucken«, d. h. bekannte Namen zu entdecken oder das älteste Geburtsjahr auf den Grabsteinen ausfindig zu machen. Alte Menschen folgen vielleicht einer Ahnung, wenn sie sich zu den Ahnen hingezogen fühlen. Aber auch sonst spielt sich auf dem Friedhof allerhand ab …

Ein Hausarzt geht über den Friedhof. Plötzlich sieht er, wie eine knochige Hand einen Grabstein hochhebt und sich ihm entgegenstreckt, während eine Stimme aus dem Grab flüstert: »Herr Doktor, haben sie vielleicht ein gutes Mittel gegen Würmer?«

*

Ein 90- und ein 93-Jähriger schlendern zusammen über den Friedhof. Sagt der 90-Jährige: »Sag mal, du hast einen neuen Hut! Lohnt sich das denn überhaupt noch?«
Die beiden gehen weiter. Ein wenig später entschließt sich der 90-Jährige: »Mir tun die Füße weh. Ich fahre mit dem Bus nach Hause.«
Darauf der 93-Jährige: »Lohnt sich das denn überhaupt noch?«

*

Zwei Totengräber schaufeln nach einer Beerdigung das Grab zu. Kaum sind die ersten Schippen Erde auf den Sarg

gefallen, hören sie ein Rumoren. Der Sargdeckel öffnet sich und der Tote, offenbar bloß scheintot, macht Anstalten aus dem Sarg zu klettern. »Hey, was soll das – wollt ihr mich etwas lebendig begraben?« schimpft er.
»Jetzt leg dich mal schön wieder hin, Opa«, sagt einer die Totengräber, »solche Späße lieben wir gar nicht.«

*

Beerdigung eines Verwandten. Nachdem der Sarg ins Grab gelassen wurde, gehen die Trauergäste zum Grab und werfen Blumensträuße hinein. Ein Angehöriger kramt aus seiner Tasche eine völlig intakte Milchschnitte hervor und wirft sie ebenfalls ins Grab. Ein Trauergast, der den Vorfall beobachtet hat, spricht den Angehörigen an: »Glauben Sie, dass der Verstorbene die Milchschnitte noch isst?«
Der Angehörige: »Und Sie? Glauben Sie, er würde die Blumen noch gießen?«

*

Auf dem Friedhof wird ein Herzchirurg beerdigt. Der Sarg steht vor einem riesigen, überdimensionalen Herz. Der Pfarrer hält seine Rede. Als er fertig ist und alle Abschied genommen haben, klappt das Herz auf, der Sarg rollt hinein und das Herz klappt wieder zu. In diesem Augenblick fängt ein Trauergast an zu lachen. Sein Nachbar: »Warum lachen Sie denn so?«
»Ich musste gerade an meine Beerdigung denken.«
»Und was ist daran so komisch?«
»Ich bin Gynäkologe.«

Zwei Freunde treffen abends vor dem Friedhof aufeinander. Der eine sucht unter der Laterne den Boden ab.
»Was suchst du?«, fragt der Freund.
»Ach, ich habe einen Euro verloren.«
Der Freund hilft ihm beim Suchen. Nach einer Viertelstunde haben sie immer noch nichts gefunden.
Fragt der Freund: »Sag mal, bist du sicher, dass du den Euro hier verloren hast?«
»Nein, verloren hab' ich ihn auf dem Friedhof.«
Der Freund ist baff. »Aber warum suchen wir dann nicht dort?«
»Auf dem Friedhof gibt es keine Beleuchtung.«

*

Frau Meier wohnt an der Küste und vermisst seit Tagen ihre Schwester. Sie befürchtet das Schlimmste und klappert alle Krankenhäuser ab. Ohne Ergebnis. Danach geht sie ins Leichenschauhaus. »Vielleicht ist meine Schwester ertrunken«, sagt sie zum Leichenhallenwart, »könnten Sie nicht mal nachsehen, ob eine Leiche hier in Betracht kommt?«
»Wir haben tatsächlich heute Morgen drei Wasserleichen reingekriegt«, sagt der, »alle noch nicht identifiziert.«
Frau Müller schöpft Hoffnung.
»Hat Ihre Schwester denn besondere Merkmale?«
»Ja, auf dem linken Ohr ist sie schwerhörig.«

*

Frau Meier hat einen Kuchen gebacken und fährt mit dem Fahrrad zum Kaffeeklatsch mit ihren Freundinnen. Den

Kuchen stellt sie auf den Gepäckträger. Unterwegs will sie noch schnell am Friedhof vorbei, um die Blumen zu gießen. Dort angekommen befürchtet sie, dass der Kuchen während ihrer Tätigkeit am Grab abhandenkommen könnte. Also nimmt sie ihn mit und stellt ihn in der Nähe des Grabes auf die Friedhofsmauer. Als sie am Grab fertig ist, will sie den Kuchen wieder aufnehmen, stößt jedoch unglücklich dagegen, sodass der Kuchen zu Boden fällt und zermanscht. »Oh Gott, jetzt ist es passiert. Er liegt da und ist für immer hinüber«, jammert sie.
Da kommt der Friedhofswart vorbei und versucht sie zu trösten: »Beruhigen Sie sich doch, gnädige Frau. Hier liegen noch viele andere.«
»Ja, aber keiner mit acht Eiern.«

*

Zwei Männer gehen von einer Halloween-Party nach Hause und beschließen, die Abkürzung über den Friedhof zu nehmen. Schließlich passt das zur Stimmung. Zwischen den Gräbern hören sie plötzlich aus dem Dunklen: Tock Tock Tock, Tock Tock Tock …
Gespannt schleichen sie weiter und finden einen alten Mann, der mit Hammer und Meißel einen Grabstein bearbeitet.
Nachdem der erste sich gefangen hat, fragt er: »Alter, Sie haben uns fast zu Tode erschreckt. Wir dachten schon, Sie wären ein Geist! Was arbeiten Sie denn hier mitten in der Nacht?«
»Diese Idioten!« schimpft der alte Mann, »sie haben meinen Namen falsch geschrieben.«

Zwei Freundinnen gehen angeheitert von einer Party nach Hause. Als sie unterwegs am Friedhof vorbeikommen, spüren beide ein dringendes Bedürfnis. Kurz entschlossen verschwindet jede hinter einem Grabstein und verrichtet ihr Geschäft. Da kein Papier zum Abputzen bereit liegt, nimmt die eine ihren Slip, wischt sich damit ab und wirft ihn anschließend ins Gebüsch. Die andere möchte ihren teuren Slip nicht opfern und benutzt stattdessen die Schleife vom Grab.

Am nächsten Tag treffen sich die beiden Männer der Frauen, die ebenfalls miteinander befreundet sind. »Ich ahne Schlimmes«, erzählt der eine, »meine Frau kam heute Nacht spät nach Hause und hatte keinen Slip mehr an. Wer weiß, wo sie sich rumgetrieben hat.«

Darauf der andere: »Du hast es noch gut. Meine Frau kam auch erst spät nachts nach Hause. Sie trug zwar noch ihren Slip, aber in ihrem Hintern klemmte ein weißes Band mit schwarzer Schrift: »Wir werden dich nie vergessen – Panzerkompanie 310.«

Seit ewigen Zeiten existiert das Klischee, Schotten seien besonders geizig. Wenn dem tatsächlich so ist, dann spielt das selbstverständlich auch beim Thema Bestattung eine Rolle.

Unterhalten sich zwei Schottinnen. »Schade, dass mein Mann das nicht mehr erleben kann.«
»Was denn?«
»Die Erhöhung meiner Witwenrente.«

*

Treffen sich zwei Schotten. »Ich habe gehört, du musstest letzte Woche deine Frau beerdigen – war das nicht teuer?«
»Ja, aber was blieb mir anderes übrig, wo sie nun schon tot war?«

*

Eine schottische Ehefrau ist bei einem Wohnungsbrand ums Leben gekommen. Ihr Witwer ruft im Krematorium an und verlangt den Chef zu sprechen.
»Bekomme ich einen Preisnachlass?«, fragt der Witwer.
»Preisnachlass, wieso?«
»Na, meine Frau ist doch bei einem Brand gestorben.«
»Und?«, stutzt der Chef des Krematoriums.
»Da haben wir ja bereits eine Vorleistung erbracht.«

*

Unterhalten sich zwei Schotten. »Ich hatte neulich Glück.«
»Wieso denn?«

»Meine Frau hatte sich beim Austernessen an einer riesigen Perle verschluckt.«
»Und was ist daran Glück?«
»Die Perle war so wertvoll, dass ich damit die Operation und die Beerdigung bezahlen konnte!«

*

Zwei schottische Holzfäller arbeiten zusammen, als der eine von einem Baum erschlagen wird. Ein paar Monate später begegnen sich die beiden Frauen der Holzfäller. Die Witwe sieht blendend aus.
»Mir geht es gut«, meint sie, »außer der Rente habe ich noch fünfzigtausend Pfund von der Unfallversicherung bekommen.«
Erbost sich die andere: »Und dieser Idiot von meinem Mann ist genauso versichert und springt im letzten Moment zur Seite!«

*

Zwei Schotten treffen sich. Die Ehefrau des einen wurde vor wenigen Wochen beerdigt. Fragt der Freund: »Was hat sie denn gehabt?«
»Ach, sie war schwer krank.«
»Und die Ärzte konnten nichts für sie tun?«
»Naja, sie hätten sie operieren können.«
»Aber deine Frau wollte nicht, oder?«
»Doch schon, aber die Operation hätte ein Haufen Geld gekostet. Da hat mir der Bestatter ein günstigeres Angebot gemacht.«

Ein Schotte wird in seiner Wohnung tot aufgefunden. Das Dienstmädchen wird verhört. Es erzählt: »Vor zwei Tagen kam der Herr zu mir. Er wollte mir übers Haar streicheln und bot mir dafür 50 Pfund. Ich willigte ein. Gestern kam er wieder und wollte eine Locke von meinem Haar abschneiden. Dafür zahlt er mir 100 Pfund. Und heute Morgen sagte er mir, dass er mit mir ins Bett wolle. Hierfür zahlte er mir 1000 Pfund.
Als ich mich danach anzog, bedankte ich mich bei ihm für die finanziellen Zuwendungen und sagte zu ihm: Mein Tarif beträgt eigentlich 20 Pfund. Da traf ihn der Schlag.«

*

Ein Schotte kommt in den Himmel. Petrus will ihn eigentlich gar nicht reinlassen, weil er sein ganzes Leben so geizig war, doch der Schotte sagt: »Ich habe heute Morgen einem Bettler drei Pfund gegeben.«
Petrus überprüft es. Es stimmt.
Der Schotte weiter: »Ich habe auch gestern einem Bettler drei Pfund gegeben.« Petrus überprüft es wieder, auch diesmal stimmt's.
Der Schotte spürt, wie Petrus in seinem Entschluss schwankt und setzt noch einmal nach: »Und letzte Woche habe ich auch einem Bettler drei Pfund gegeben.« Petrus überprüft auch das und stellt konsterniert fest, dass der Schotte die Wahrheit sagt.
Da kommt der liebe Gott hinzu und sagt: »Wisst ihr was? Gebt ihm die neun Pfund zurück und schickt ihn in die Hölle!«

Ein Mitarbeiter hat morgens keine Lust, zur Arbeit zu gehen und schützt einen Trauerfall in der Familie vor. Seine Schwester sei gestorben. Der Chef gibt ihm frei.
Als er am nächsten Tag in die Firma kommt, fragt ihn sein Chef: »Sagen Sie, glauben Sie eigentlich an Wiedergeburt?«
»Nein, Chef, das ist alles Unsinn.«
Darauf der Chef: »Ich schon. Während Sie gestern auf der Beerdigung Ihrer Schwester waren, kam sie in der Firma vorbei und wollte Sie sprechen.«

*

Der Mitarbeiter geht zu seinem Chef und bittet um einen Tag Urlaub, da er zur Beerdigung seines Schwiegervaters gehen will. Der Chef empört sich: »Letzte Woche war es die Beerdigung Ihrer Schwiegermutter, zwei Wochen davor ist Ihr Onkel gestorben. Jetzt ist es Ihr Schwiegervater. So geht das nicht weiter. Ständig wollen Sie einen Tag frei haben. Am besten nehmen Sie jetzt 14 Tage Urlaub am Stück und beerdigen erst einmal Ihre komplette Verwandtschaft. Danach können Sie wieder regelmäßig zur Arbeit kommen.«

*

Meier gewinnt drei Millionen Euro im Lotto und beschließt sofort zu kündigen. Vor dem Büro empfängt ihn die Sekretärin: »Herr Müller Sie sollen schnell zum Chef kommen.«
Der Chef sagt Meier, dass man ihm aufgrund der schlechten Auftragslage kündigen müsse. »Aber Sie waren lange

Zeit bei uns und immer ein guter Mitarbeiter, deshalb bekommen Sie eine Abfindung von 200 000 Euro.
Meier fährt glücklich nach Hause. Vor dem Haus steht ein Leichenwagen. Der Bestatter kommt auf ihn zu: »Herr Meier ich muss Ihnen leider mitteilen, dass Ihre Frau gestorben ist.« Darauf Meier zu sich: »Naja, wie sagt man so schön: wenn's läuft dann läuft's!«

Auch bei den Juden gibt es schwarzen Humor, oder besser – gerade dort. Leiden gebiert immer auch ein Mittel, um damit fertig zu werden, zumindest verbal. Da schadet es dem Leidenden auch nicht, wenn er Spiegelgefechte mit der Wahrheit führen muss (wie im letzten Witz). Die folgenden Witze stammen, wie alle jüdischen Witze, von den Juden selbst.

Nazideutschland. »Grün, hast du schon gehört? Rosenbaum hat sich gestern aufgehängt?«
»Nun, wenn er sich verbessern kann!«

*

Beim Militär. Feldwebel: »Grün, warum soll der Soldat gerne für seinen Kaiser sterben?«
Grün: »Recht haben Sie. Warum soll er?«

*

Sagt der Schnorrer zum Grün: »Sie haben versprochen, mir jeden Monat zehn Euro für die Mitgift meiner Tochter zu geben.«
Grün: »Ihre Tochter ist doch gestorben.«
»Sind Sie der Erbe oder ich?«

*

Zwei Juden planen einen Anschlag auf Hitler. An der Stelle, an der Hitler mit seinem Gefolge vorbeikommen soll, liegen sie auf der Lauer. Stunden vergehen, Hitler kommt nicht. Sagt der eine: »Es wird ihm doch hoffentlich nichts zugestoßen sein!«

Weinsteins Vater ist gestorben. Er schickt sein Dienstmädchen, um das Klageweib der Gemeinde zu holen.
Das Dienstmädchen kommt zurück: »Das Klageweib kann leider nicht kommen, Herr Weinstein. Ihr eigener Mann ist letzte Nacht gestorben. Heute kann sie unmöglich weinen.«

*

Ein Rabbi ist ein jüdischer Gelehrter. Er gilt als moralische Instanz und als Anlaufstelle für alle möglichen Probleme innerhalb einer Gemeinde.

In einer ostjüdischen Gemeinde entbrennt ein heftiger Streit um eine freie Grabstätte. Zunächst versuchen die Ehrenbürger zu schlichten – vergeblich.
Man bringt den Streitfall zum Rabbi. Der entscheidet: »Das Grab gehört demjenigen, der als erster stirbt.«
Schlagartig ist der Streit vorüber.

*

Dem Rabbi teilt man mit, dass ein junger Mann in seiner Gemeinde gestorben ist.
»Woran ist er gestorben?«, fragt der Rabbi.
»Er ist verhungert.«
»Kein Jude kann verhungern. Wäre er zu mir gekommen, ich hätte dafür gesorgt, dass er unterstützt wird.«
»Aber Rabbi, er hat sich geschämt.«
»Also ist er nicht am Hunger gestorben, sondern am Stolz.«

*

Beginn der Hitlerzeit. Ein Jude in Berlin kauft jeden Morgen am Kiosk den »Völkischen Beobachter«, schaut kurz auf die erste Seite und wirft die Zeitung dann weg.
Fragt der Kioskbesitzer: »Warum tun Sie das? Wieso lesen Sie nicht die Zeitung?«
»Ach, ich suche nur eine Todesanzeige«, sagt der Jude.
»Aber die stehen doch auf der letzten Seite.«
»Die Todesanzeige, die ich suche, wird auf der ersten Seite stehen.«

*

Ein grobschlächtiger Kerl ist gestorben. Sein Leben lang hat er alle religiösen Gebote missachtet. In der Trauerrede lobt ihn der Rabbi: er habe am Sabbat nie geraucht oder geschrieben (*beides ist am Sabbat verboten*).
Sagt ein Trauergast vorwurfsvoll zum Rabbi: »Wie könnt Ihr den Verstorbenen nur so rühmen. Das ist doch alles gelogen.« Versichert der Rabbi: »Ich habe die reine Wahrheit gesagt. Der Mann war Nichtraucher und Analphabet.«

*

Deutschland 1933. Goldberg hat sich respektlos über den Führer geäußert und muss zur Strafe drei Tage lang mit einem Plakat »Juden hinaus, Arier an ihre Stelle« durch die Straßen gehen und sich dann wieder melden. Man will ihn kontrollieren, findet ihn aber nirgends. Als er sich nach drei Tagen meldet, brüllt der Nazibonze: »Du bist gar nicht mit dem Plakat herumgelaufen!«
»Doch, bin ich«, beteuert der Jude.

»Wo denn?«, brüllt der Nazi.
»Auf dem Friedhof.«

*

Ein Jude kommt zum Rabbi. Er plant ein Geschäft aufzumachen, will dabei aber kein Risiko eingehen. Der Rabbi rät: »Handle mit Mehl und Holz. Da kann nichts schiefgehen. Brot brauchen die Lebenden und Holz braucht man für die Särge der Toten.«
Nach einem Jahr kommt der Jude wieder. Er ist bankrott. »Rabbi«, jammert er, »Ihr habt gesagt, die Lebenden und die Toten werden meine Ware immer brauchen – aber in meinem Schtetl leben die Leute nicht und sie sterben nicht.«

*

Der Lehrer einer jüdischen Gemeinde braucht eine Mitgift für seine Tochter und will drei Jahresgehälter als Vorschuss haben. Die Gemeinde findet das Geschäft zu riskant. Vielleicht stirbt der Lehrer ja vor Ablauf der drei Jahre.
»Lasst es darauf ankommen«, sagt der Lehrer. »Vielleicht habt *ihr* ja Glück und ich lebe in drei Jahren noch. Dann war der Vorschuss nicht vergeblich. Sollte ich vor Ablauf der drei Jahre sterben – nun, dann habe *ich* halt Glück gehabt.«

*

London 1914. Ein ostjüdischer Einwanderer überlegt, ob es zum Krieg kommen wird. Er sagt: »Ich habe keine Angst. Es gibt immer zwei Möglichkeiten:

Entweder es kommt nicht zum Krieg – dann ist es gut. Oder es kommt zum Krieg – dann gibt es zwei Möglichkeiten:
Entweder der Krieg bleibt auf den Kontinent beschränkt – dann ist es gut. Oder er weitet sich aus – dann gibt es zwei Möglichkeiten:
Entweder England wird nicht hineingezogen – dann ist es gut. Oder es wird mit hineingezogen – dann gibt es zwei Möglichkeiten:
Entweder man nimmt nur Freiwillige – dann ist es gut. Oder es kommt zur Zwangsrekrutierung – dann gibt es zwei Möglichkeiten:
Entweder ich kann mich drücken – dann ist es gut. Oder ich werde mich stellen müssen. Igitt! Aber auch dann gibt es zwei Möglichkeiten:
Entweder man erklärt mich für untauglich – dann ist es gut. Oder man nimmt mich – dann gibt es zwei Möglichkeiten:
Entweder ich bleibe in England – dann ist es gut. Oder ich muss in den Krieg ziehen. Schlecht! Aber auch dann gibt es zwei Möglichkeiten:
Entweder ich komme zum Roten Kreuz – dann ist es gut. Oder ich werde schießen müssen – dann gibt es zwei Möglichkeiten:
Entweder ich schieße auf den Feind – dann ist es gut. Oder er schießt auf mich. Schlimm! Aber auch dann gibt es zwei Möglichkeiten:
Entweder die Wunde ist nur leicht – dann ist es gut. Oder sie ist schwer. Oje! Aber auch dann gibt es zwei Möglichkeiten:

Entweder ich werde wieder gesund – dann ist es gut. Oder ich bin tot …
Moment mal – ein Toter braucht doch erst recht keine Angst zu haben.«

Richter zum Angeklagten: »Wie kamen Sie eigentlich dazu, das Auto zu stehlen?«
»Naja, es stand so einsam und verlassen vor dem Friedhof herum. Da hab ich mir gedacht: Der Eigentümer ist bestimmt tot, der braucht es ja nicht mehr.«

*

Zwei Polizisten werden von ihrem Vorgesetzten nach der Streife gefragt, ob es einen besonderen Vorfall gab.
»Nein, nur eine Frau, die aus dem 8. Stock gestürzt ist – tot.«
»Und das soll kein besonderer Vorfall sein?!«
»Naja, was Besonderes wär's gewesen, wenn sie überlebt hätte.«

*

Richter zum Angeklagten: »Der Zeuge behauptet, Sie hätten ihn betrogen. Er hatte Ihnen seine Armbanduhr zur Reparatur gebracht. Bei der Bezahlung haben Sie ihm versichert, dass die Uhr jetzt hält solange er lebt. Eine Woche später sei sie wieder kaputt gewesen.«
Angeklagter: »Aber Herr Richter, kann ich etwas dafür, wenn der Herr eine Woche zuvor wie eine Leiche ausgesehen hat.«

Sagt ein Skelett zum anderen: »Hals und Beinbruch.«

*

Was sagt ein Skelett, das vorm Spiegel steht?
»Verdammte Nulldiät!«

*

Warum fahren Skelette nicht gerne Skateboard?
Weil sie dabei aufs Schienbein fallen können.

*

Kommt ein Skelett ins Restaurant und setzt sich an einen Tisch. Nach einer Stunde kommt der Ober: »Tut mir leid, dass Sie so lange warten mussten.«

*

Warum nehmen Skelette keinen Hausschlüssel mit, wenn sie ausgehen?
Sie haben immer ihr Schlüsselbein dabei.

*

Zwei Skelette stehen an der Friedhofsmauer. Sagt das eine: »Mensch, heute geht aber ein eisiger Wind – der geht einem durch und durch.«

*

Fragt der Patient den Arzt: »Herr Doktor, ist das Skelett dort in der Ecke Anschauungsmaterial?« »Nein, Kassenpatient.«

Geht ein Skelett in ein Restaurant. Fragt der Kellner: »Was hätten Sie denn gerne?«
»Fleisch«, antwortet das Skelett.

*

Sagt ein Skelett zum anderen: »Komm wir gehen an den Strand!« Darauf das andere: »Lieber nicht, da blamieren wir uns bis auf die Knochen!«

*

Zwei Skelette sind im Winterurlaub. Auf Snowboards rasen sie wie verrückt den Abhang hinunter. Kommt der Pistenaufseher vorbei: »Tot sein allein genügt euch wohl nicht!«

*

Ein Skelett sitzt auf einem Grabstein und raucht. Kommt ein zweites Skelett vorbei: »Na, rauchst du immer noch?«
»Ja! Aber nicht mehr auf Lunge.«

*

Ein Skelett sitzt im Café und liest die Todesanzeigen in der Zeitung. Kommt ein zweites hinzu: »Was liest du denn da?«
»Och nichts Besonderes, bloß die Klatschseiten.«

*

Ein Skelett sitzt im Café und bestellt eine heiße Trinkschokolade. »Mit oder ohne Sahne?«, fragt der Kellner.
»Ohne – Sie sehen doch, dass ich Diät mache.«

Mitternacht auf dem Friedhof. Ein Skelett geht spazieren. Plötzlich versperrt ihm der Friedhofswärter den Weg: »Um Mitternacht ist hier Ausgangssperre!« Schimpft das Skelett: »Frechheit! Und dafür zahlt man Miete.«

*

Geht ein Skelett Hosen kaufen.
»Darf es eine aus Leinen sein?«, fragt die Verkäuferin.
»Auf keinen Fall«, »ich will eine Jeans, die hält ein Leben lang.«

*

Ein Skelett geht unvorsichtig über die Straße und wird beinahe von einem Taxi überfahren.
»Haben Sie sich verletzt?« fragt der Taxifahrer besorgt.
»Nein, nur zu Tode erschrocken!«

*

Zwei Freunde wetten, wer am längsten in der Wüste überleben kann. Der eine nimmt 4 Kisten Bier mit, der andere 8 Kisten. Nach einer Woche kommt der mit den 4 Kisten zurück und wartet. Nach einem Jahr wird er stutzig und fährt in die Wüste. Da sieht er die 8 Kisten Bier und daneben sitzt ein Skelett mit einem Schild um den Hals: »Flaschenöffner vergessen.«

*

Drei Ingenieure diskutieren, welchen Beruf wohl Gott habe. Sagt der Erste: »Gott muss Maschinenbauer sein, seht

Euch nur das Skelett an – ein Wunderwerk der Mechanik!« Der Zweite erwidert: »Auf keinen Fall – Gott ist Elektroingenieur. Denkt mal an das Nervensystem – die Leitungen und Verknüpfungen, eine absolute Spitzenleistung!« Darauf der Dritte: »Nein, Gott ist Bauingenieur. Wer sonst würde eine Wasserleitung durchs Vergnügungsviertel legen.«

*

Unterhalten sich zwei Skelette im Himmel. Fragt das eine: »Wie bist du denn hierhergekommen?«
»Mich hat man Überfahren – und du?«
»Bei mir ist es etwas komplizierter: ich ging auf einen Markt, da schrie eine Frau ›frische Pampelmusen‹. Ich verstand ›greif mir an den Busen‹. Also tat ich es. Dann ging ich weiter und kam an eine Bushaltestelle. Da schrie der Busfahrer ›alle bitte aussteigen.‹ Ich verstand ›alle Dicken rausschmeißen.‹ Also tat ich es. Dann ging ich auf einen Kirchturm. Da schrie ein Mann von unten hoch ›Spring nicht runter, sonst bist du tot.‹ Ich verstand ›spring runter, dann bekommst du ein Schinkenbrot.‹ Also tat ich es.«

*

Mitternacht auf dem Friedhof. Es öffnen sich zwei Gräber und zwei Skelette klettern heraus. Mit knackenden Knochen laufen sie zu einem Baum, unter dem zwei Motorräder stehen. Das eine Skelett steigt auf und startet den Motor. Plötzlich sagt das andere: »Warte mal einen Moment, ich hab was vergessen.«

Als es zurückkommt, schleppt es seinen Grabstein hinter sich her.
»Was willst du denn damit?«
»Nur zur Sicherheit, falls wir unterwegs von der Polizei kontrolliert werden. Ich fahre nie ohne Papiere.«

*

Vollmond. Mitternacht. Ein Buckliger spaziert über den Friedhof. Plötzlich öffnet sich ein Grab, ein Skelett steigt heraus, erblickt den Buckligen und fragt: »Was hast du da auf dem Rücken?«
Der Bucklige: »Einen Buckel.«
»Gib her!«, sagt das Skelett, nimmt sich den Buckel und verschwindet wieder im Grab.
Ein paar Tage später trifft der von seinem Buckel befreite Mann einen Freund, der ein Holzbein hat. Er erzählt ihm von seiner wundersamen Begegnung auf dem Friedhof und schlägt vor, dass der Freund auf die gleiche Weise sein Holzbein loswerden soll.
Drei Wochen später. Vollmond. Mitternacht. Der Holzbeinige nutzt die Gelegenheit und spaziert über den Friedhof. Wie es der Freund erzählt hat, öffnet sich ein Grab und ein Skelett steigt heraus. Es schaut den Holzbeinigen an und fragt: »Was hast du da auf dem Rücken?«
Der Holzbeinige verwirrt: »Ich hab da gar nichts.«
Darauf das Skelett: »Gut, dann nimm den Buckel!«

*

CIA, KGB und Stasi machen einem Wettbewerb. In einer Höhle liegt ein Skelett. Wer dessen Alter so genau wie möglich ermittelt, ist Sieger. Der CIA-Agent geht als erster in die Höhle. Nach 5 Stunden kommt er wieder heraus: »Das Skelett ist ca. 840 000 Jahre alt.«
Die Jury staunt: »Das ist ziemlich genau. Wie haben Sie das herausgefunden?«
Der CIA-Agent: »Naja, ... Chemikalien. Aber pssssssst!«
Als nächster ist der KGB-Agent dran. Er kommt erst nach 10 Stunden heraus: »Das Skelett hat etwa 845 000 Jahre auf dem Buckel.«
Die Jury: »Nicht schlecht. Sie sind noch näher dran. Wie haben Sie das gemacht?«
Der KGB-Agent: »Mit Genosse Stalin als Oberbiologen entgeht uns nichts. Aber ... pssssssst!«
Zuletzt ist der Stasi-Agent an der Reihe. Er bleibt 5 Stunden drin, 10, 15, ... nach 25 Stunden kommt er wieder heraus. Seine Haare sind wirr, die Kleidung zerfetzt, Schweiß fließt ihm von der Stirn, er hat blaue Flecken: »Das Skelett ist genau 845 792 Jahre alt.«
Der Jury steht der Mund offen: »Das ist ja das genaue Alter! Wie haben Sie das nur herausgekriegt?«
Der Stasi-Agent: »Er hat es mir gestanden.«

Mann zum Busfahrer: »Können Sie mir sagen, wie ich am schnellsten zum Friedhof komme?«
»Klar! Legen Sie sich einfach vor meinen Bus.«

*

Treffen sich zwei Senioren.
»Du, sag' mal, gehst du auch zur Beerdigung von Heinz?«
»Nö – er kommt ja auch nicht zu meiner.«

*

Der Dampfer sinkt. Alle Rettungsboote sind zu Wasser gelassen. An der Reling steht ein Mann. Als ihm das Wasser bis zum Hals steht, meint er nachdenklich: »Eigentlich wollte ich mich ja verbrennen lassen.«

*

Ein Ehepaar kommt ins Möbelgeschäft und möchte ein Kinderbett kaufen. Der Verkäufer fragt, welche Farbe sie gerne hätten, blau oder rosa.
»Schwarz«, sagt die Frau, »es war eine Fehlgeburt.«

*

Ein Mann steigt in einer fremden Stadt aus dem Zug und fragt am Bahnhof einen Passanten: »Wie lange brauche ich bis zum Friedhof?«
Der Gefragte: »Wenn Sie Glück haben 100 Jahre.«

*

Älterer Herr bei der Reparaturannahme: »Ich habe hier einen kaputten Plattenspieler. Lohnt sich das denn noch?«
Mann vom Kundendienst: »Na ja, ich weiß nicht. Wie alt sind sie denn?«

*

Treffen sich zwei Sargträger vor einer Beerdigung.
»Grüß Gott!«, sagt der eine.
Sagt der andere: »Mach' ich, wenn ich ihn sehe. Aber so weit gehe ich heute nicht.«

*

Verehrer zum Vater: »Ich liebe Ihre Tochter. Ich kann ohne sie nicht leben.«
Der Vater: »Okay, dann übernehme ich Ihre Beerdigungskosten.«

*

Treffen sich zwei Freunde: »Hast du schon gehört? Meiers Geschäft ist wegen Trauerfall geschlossen.«
»Wer ist denn gestorben?«
»Die Kundschaft.«

*

Herr Meier lehnt sich aus dem Fenster des dritten Stocks. Plötzlich sagt er: »Guten Tag.«
Fragt seine Frau: »Warum hast du eben ›Guten Tag‹ gesagt?«
»Der Mieter aus dem 12. Stock flog gerade vorbei, der mit den vielen Selbstmordversuchen.«

Meier fragt seinen Kollegen: »Was möchtest du lieber sein – Millionär oder Typhuskranker?«
»Millionär natürlich, was für eine Frage!«
»Falsch! Überleg doch mal. Millionäre müssen alle sterben, Thyphuskranke nur dreizehn Prozent.«

*

Meier hasst seinen Vetter. Ständig schimpft er über ihn. Meiers Freund versucht zu beschwichtigen: »Nun, lass mal gut sein. Wenn dein Vetter eines Tages stirbt, gehst du ja doch zu seiner Beerdigung.«
Meier: »Das erlebt der nie!«

*

Handgranatenübung bei der Bundeswehr. Feldwebel zu seinen Soldaten: »Passt auf, Männer! Bei der letzten Übung sind acht Kameraden in die Luft geflogen!«
Gefreiter: »Das kann uns nicht passieren! Wir sind ja nur sechs!«

*

Ein Mann springt zum ersten Mal in seinem Leben mit dem Fallschirm. Der Schirm öffnet sich nicht, der Mann ist tot. Sagt der Ausbilder zu seinem Kollegen: »Schreib auf, dass er zweimal gesprungen ist.«
»Zweimal? Es war doch heute sein erster Sprung.«
»Ja, zum ersten Mal und zum letzten Mal.«

*

Nachbar schaut aus dem Fenster. Gegenüber steht ein feudaler Leichenwagen vor dem Haus, der in der Sonne glänzt. Sagt er zu seiner Frau: »Typisch Meier, da drüben. Sterbenskrank, aber kaum kaufen wir uns ein neues Auto, muss er ein noch größeres haben.«

*

In der Eisenbahn. Ein Reisender zieht seine Schuhe aus und legt die Füße hoch auf den Sitz. »Mir sind die Füße eingeschlafen«, erklärt er seinem Gegenüber.
Der rümpft die Nase: »Eingeschlafen? So wie die riechen, müssen sie schon sehr lange tot sein.«

*

Treffen sich zwei Freunde: »Wollen wir heute Abend Schach spielen?«
»Ich weiß nicht so recht, meine Frau ist gestern gestorben.«
»Gut, dann nimmst du schwarz.«

*

Ein Henker und ein Verurteilter gehen zum Schafott. Es regnet in Strömen.
»Scheiß Wetter«, sagt der Delinquent.
Der Henker: »Was soll ich da erst sagen, ich muss den ganzen Weg wieder zurück.«

*

Ein Henker und ein Verurteilter machen sich auf den Weg zum Galgen. Unterwegs äußert der Delinquent seine Be-

denken: »Bin ich denn durch den Strang auch sofort tot? Nicht, dass ich noch minutenlang einen Todeskampf erleiden muss.«
»Keine Sorge«, sagt der Henker, »falls alle Stricke reißen habe ich auch noch das Beil dabei.«

*

Ein unglücklich Verliebter springt vom vierten Stock auf die Straße. Eine Menschenmenge strömt zusammen. Ein Passant, der wissen mochte, was geschehen ist, drängt sich nach vorn und fragt, was los sei. Darauf öffnet der Sterbende die Augen und sagt: »Keine Ahnung, bin selbst gerade erst angekommen.«

*

»Mutti, warum sterben in unserer Familie die Leute immer so plötzlich?
… Mutti?
Mutti?
Muuuutttiiiii!«

*

Ein altes Ehepaar sitzt vor dem Fernseher, als es an der Tür klingelt.
Er zu ihr: »Geh du mal, ist bestimmt für dich.«
Sie geht und kommt kurze Zeit später zurück, hinter ihr ein schwarzgekleideter Herr mit einer Sense in der Hand. Sie deutet über die Schulter: »Ist doch für dich!«

*

Ein Mann war so betrunken, dass er auf der Straße umfiel. Nachts findet ihn eine Polizeistreife, hält ihn für tot und bringt ihn in die Leichenhalle. Nach ein paar Stunden erwacht der Mann und grübelt: »Huch! Wo bin ich? Lebe ich noch – warum bin ich dann hier? Bin ich tot – warum muss ich dann Pipi?«

*

In Verdun war es unmöglich, die Leichen in den Gräben zurückzubringen. Daher kam der Befehl, diese wenigstens mit Kalkwasser zu übergießen. Zu diesem Zwecke wurde ein Pionier vorgeschickt, der gleich der ersten Leiche einen vollen Kübel über den Rücken schüttete. Plötzlich empörte sich die Leiche: »Du Rindvieh! Ich bin der Horchposten!«

*

Ein Wanderer kommt auf einer Alm mit einem Einheimischen ins Gespräch. Dieser lobt die gesunde Luft und erzählt, dass die Menschen in dieser Gegend sehr alt werden. Nach kurzer Zeit hört man Kirchenglocken und im Tal bewegt sich ein Trauerzug in Richtung Friedhof. Der Wanderer stutzt und spricht den Einheimischen darauf an.
»Ja«, sagt der Einheimische, »das war unser Bestatter, der ist verhungert.«

*

Der Lehrer liest im Deutschunterricht folgenden Satz vor: »Herr Meier ist bei einem Autounfall an seinen Verletzungen gestorben.« Er fragt: »Wer ist hier das Subjekt?«

Schüler: »Herr Meier.«
»Richtig«, sagt der Lehrer, »und wo steht es?«
Schüler: »Es steht nicht, es liegt.«
Lehrer: »Wieso denn das?«
Schüler: »Na, auf dem Friedhof.«

*

Der Mörder soll hingerichtet werden. Der Gefängnisdirektor kommt kurz vor der Vollstreckung vorbei: »Sie wissen, dass Sie auf den elektrischen Stuhl müssen, geben Sie mir also bitte die Adresse Ihrer nächsten Angehörigen.«
»Sie brauchen niemanden zu verständigen«, knurrt der Todeskandidat.
»Es ist nicht wegen der Verständigung, sondern wegen der Stromrechnung.«

*

Das Telefon klingelt. Der Chef nimmt ab.
Anrufer: »Meier, guten Tag. Ich wollte mich mal erkundigen, ob Sie noch freie Plätze haben?«
»Klar, jede Menge.«
»Gut dann hätte ich gerne zwei in der ersten Reihe.«
»Da haben wir leider nichts mehr, aber weiter hinten ist noch was frei, so ab Reihe acht.«
»Gut, dann eben dort. Sind das Sitz- oder Stehplätze.«
»Wir haben weder Sitz- noch Stehplätze, nur Liegeplätze.«
»Liegeplätze? Bin ich etwa im städtischen Schwimmbad gelandet?«
»Nein, bei der Friedhofsverwaltung.«

Im Westernsaloon. Zwei Männer unterhalten sich.
»Siehst du den Mann, der da an der Theke steht?«
»Da stehen doch vier Männer.«
»Ich meine den mit dem Hut.«
»Die haben doch alle einen Hut auf.«
»Den mit den Sporen an den Stiefeln.«
»Die tragen doch alle Sporen.«
Der erste zieht seinen Colt und schießt dreimal. Drei Männer an der Theke fallen tödlich getroffen um.
»Weißt du jetzt, wen ich meine?«
»Ja.«
»Siehst du, *den* Kerl kann ich auf den Tod nicht ausstehen.«

*

Ein Mann sitzt mit seiner Frau zu Hause am Kaffeetisch. Das Telefon klingelt. Er nimmt ab. Gespannt lauscht er eine Zeitlang in den Hörer. Dann legt er auf und fängt heftig an zu schluchzen.
»Was ist denn los?«, fragt seine Frau.
»Das war das Krankenhaus, mein Vater ist gestorben.«
»Mein Gott, wie schrecklich«, sagt seine Frau.
Während sie versucht, ihn zu beruhigen, klingelt das Telefon erneut. Wieder geht der Mann ans Telefon, wieder hört er eine Weile still zu. Nachdem er aufgelegt hat, fängt er wieder an zu schluchzen. Diesmal noch heftiger als zuvor.
»Stell' dir nur vor«, sagt er zu seiner Frau, »das war meine Schwester. Auch ihr Vater ist gestorben.«

*

Ein Motorradfahrer fährt mit seinem Sozius über eine kurvenreiche Landstraße. Es ist Spätherbst und ihn friert, deshalb macht der Fahrer folgenden Vorschlag: »Zieh deinen Mantel einfach verkehrt herum an, dann zieht es vorne nicht so rein!«
Gesagt, getan, sie fahren weiter. Nach einiger Zeit bemerkt der Fahrer, dass er seinen Sozius verloren hat und fährt zurück. Er findet ihn tot auf der Straße liegend, von ein paar Passanten umringt. Er fragt, was passiert sei. Einer antwortet: »Anfangs sah es gar nicht so schlimm aus, dann haben wir bemerkt, dass sein Kopf verdreht war. Nachdem wir ihn wieder richtig gedreht hatten, röchelte er noch kurz und starb.«

*

Ein Taxi-Passagier tippt dem Fahrer von hinten auf die Schulter, um etwas zu fragen. Der Fahrer schreit erschrocken auf, verliert die Kontrolle über seinen Wagen, verfehlt knapp einen entgegenkommenden Bus, schießt über den Gehsteig und kommt wenige Zentimeter vor einem Schaufenster zum Stehen.
Für ein paar Sekunden ist alles ruhig, dann schreit der Taxifahrer: »Machen Sie das nie wieder! Sie haben mich ja zu Tode erschreckt!«
Der Fahrgast ist ganz baff und entschuldigt sich:
»Tut mir leid, ich konnte ja nicht wissen, dass Sie sich wegen eines Schultertippens so sehr erschrecken.«
»Naja, ist ja auch meine Schuld«, sagt der Fahrer versöhnlich: »Heute ist mein erster Tag als Taxifahrer. Die letzten 20 Jahre fuhr ich einen Leichenwagen.«

Ein Mann ruft von der Arbeit aus zu Hause an. Ein kleines Mädchen meldet sich. Er sagt: »Hallo mein Schatz, kannst du mir mal Mama geben?«
Das Mädchen: »Ne, geht nicht. Die ist gerade mit Onkel Hubert im Schlafzimmer.«
(Kurzes Schweigen.)
»Aber Schatz, du hast doch gar keinen Onkel Hubert.«
»Doch, der ist gerade mit Mama im Schlafzimmer.«
(Erneut kurzes Schweigen.)
»Na gut, Schatz, du gehst jetzt ins Schlafzimmer und rufst, dass mein Auto gerade vorfährt.«
Gesagt, getan. Als das Mädchen ans Telefon zurückkommt, fragt sie der Vater, was passiert ist. Das Mädchen berichtet: »Mama ist aufgesprungen und war ganz nackt.
Dann ist sie zum Fenster gerannt und auf ihren Sachen ausgerutscht. Danach ist sie aus dem Fenster gefallen und jetzt liegt sie tot in der Auffahrt.«
»Oh, mein Gott, und Onkel Hubert?«
»Der ist auch aufgesprungen und war ebenfalls ganz nackt. Er hat schnell seine Kleider aufgesammelt und ist aus dem Fenster in den Pool gesprungen. Er hat aber wohl vergessen, dass du letzte Woche das Wasser ausgelassen hast, um ihn zu reinigen. Jetzt ist er auch tot.«
(Langes Schweigen.)
Nach einiger Zeit: »Pool …? Oh, falsch verbunden!«

*

Ein Mann ist scheintot und soll beerdigt werden. Er bekommt alles mit, kann sich aber nicht verständlich machen. Zunächst spürt er, wie ihn der Arzt bei der Leichenschau hin und her wendet. Während er eingesargt wird, hört er mit, wie die Bestattungsgehilfen über ihn reden. Man legt ihn in einen einfachen Fichtensarg. Ohne Decke. Bei der Aufbahrung in der Trauerhalle hört er die Sprüche seiner Verwandten. Der Pfarrer hält nach dem Vorbereitungsgespräch mit seiner Frau nur eine kurze Rede, rühmlich ist sie nicht. »Was hat sie ihm da nur über mich erzählt?«, denkt der Scheintote.

Schließlich wird er auf dem Friedhof ins Grab gelassen. Seine Angehörigen lästern: »Jetzt hält er endlich mal die Klappe.« Als die Totengräber das Grab zuschaufeln wollen, hat sich so viel Aggression in dem Scheintoten angesammelt, dass er mit Fäusten und Füßen gegen den Sargdeckel trommelt. Die Totengräber öffnen den Sarg und der Mann klettert wütend heraus: »Jetzt reicht's mir aber. Meine Frau kann was erleben. Mich in so einer billigen Kiste zu verscharren. Jetzt guck' ich mir mal die Trauertafel an, die sie organisiert hat und wenn sie da auch so knausrig war, kann sie was erleben.«

*

Ein reicher alter Kauz liegt im Sterben. Er will einen Teil seines Vermögens mit ins Grab nehmen. Er lässt seinen Arzt, seinen Pfarrer und seinen Anwalt kommen und gibt ihnen folgen Auftrag: Jeder bekommt einen Umschlag mit 100 000 Euro, den er auf der Beerdigung des Alten ins Grab werfen soll. Alle drei erklären sich einverstanden.

Bald danach ist es soweit. Die Beerdigung findet statt. Der Pfarrer hält seine Grabrede und wirft anschließend seinen Umschlag ins Grab. Nacheinander treten Arzt und Anwalt ans Grab und werfen ihre Umschläge ebenfalls hinein. Beim Verlassen des Friedhofs plagt den Pfarrer das schlechte Gewissen. Er gesteht den beiden anderen, dass in seinem Umschlag nur noch 80 000 Euro gewesen seien. Die fehlenden 20 000 Euro habe er für eine neue Kirchenglocke abgezweigt. Der Verstorbene sei damit bestimmt einverstanden gewesen, meint der Pfarrer. Alle drei schweigen für einen Moment. Dann rückt der Arzt ebenfalls mit der Sprache heraus. Nun ja, auch in seinem Umschlag sei nicht mehr der volle Betrag gewesen. Die Hälfte davon habe er dringend benötigt. Der Alte möge ihm verzeihen, aber er habe davon eine neue Laboreinrichtung für seine Praxis gekauft.

Darauf sehen der Pfarrer und der Arzt den Anwalt erwartungsvoll an. Er könne ruhig jetzt auch gestehen. Der Alte werde ihm den kleinen Fehlgriff sicherlich genauso verzeihen wie ihnen beiden.

Empört sich der Anwalt: »Da gibt es nichts zu verzeihen. Ich bin Anwalt. Da muss ich korrekt sein. Ich habe ihm ohne jeden Abzug einen Scheck über die vollen 100 000 Euro ins Grab geworfen.«

… das Krematorium, das bei Kunden, die sich selbst einlieferten, auf Barzahlung bestand.

*

… das Krematorium, das allen Neuzugängen die Füße wusch, damit keine Gase erzeugt wurden, die zur Explosion führten.

*

… der Friedhof, in den ein Segelflugzeug abgestürzt war. Am nächsten Tag stand in der Zeitung: »Bisher über 100 Leichen geborgen.«

*

… der Wissenschaftler, der herausgefunden hatte, dass man mit Toten reden kann. Das Dumme ist nur, sie antworten nicht.

*

… der Bestatter, der auf einem Fortbildungslehrgang war und anschließend in der Zeitung inserierte: er dürfe aufgrund seiner höheren Qualifikation jetzt Sterbetermine vergeben.

*

… der Onkel, der in ein Whisky-Fass fiel und ertrank. Seine Freunde wollten ihn retten, doch er leistete erbittert Widerstand. Später wurde er feuerbestattet, aber es dauerte eine Woche bis der Ofen aus war.

… der Jugendliche, der das erste Mal mit seiner Freundin intim werden wollte und beim Sex erstickte. Auf der Schachtel mit den Präservativen stand: »Stramm über den Kopf ziehen.«

*

… die beiden Tanten, die ihren Neffen auf jeder Hochzeit mit seinem Single-Status aufzogen: »Du bist der Nächste!, du bist der Nächste!« Sie hörten erst damit auf, als ihr Neffe auf Beerdigungen dasselbe mit ihnen machte.

*

… der Taucher, der als verkohlte Leiche und in voller Montur (Anzug, Schnorchel, Flossen und Sauerstoffflasche) nach einem Waldbrand gefunden wurde. Ein Löschflugzeug hatte ihn versehentlich im Meer eingesaugt und über der Brandstelle abgeworfen.

*

… der texanische Cowboy, der sich lebenslang einen Löffel Schießpulver ins Essen gemischt hatte. Wie es sich für harte Männer gehört, wollte er feuerbestattet werden. Als man ihn ins Krematorium einlieferte, gab es einen lauten Knall und dann klaffte dort, wo das Gebäude früher stand, ein riesengroßer Krater.

*

… die penible Friedhofsverwaltung, die den Grabnutzungsberechtigten anschrieb, dass die reservierte Grabstelle neben seiner Großmutter nun anderweitig vergeben werde. Man ersuche ihn, seine Frau Großmutter über den Beschluss in Kenntnis zu setzen. Ihr stünde eine Widerspruchsfrist von einem Monat zu.

Der Jäger … geht in die ewigen Jagdgründe ein.

*

Der Pastor … segnet das Zeitliche.

*

Der Pfarrer … muss dran glauben.

*

Der Lokführer … liegt in den letzten Zügen.

*

Der Bergmann … fährt in die Grube.

*

Der Rabbi … geht über den Jordan.

*

Die Reinemachefrau … hat's erwischt.

*

Der Historiker … ist Geschichte.

*

Der Beamte … entschläft sanft.

*

Der Gynäkologe … scheidet dahin.

*

Der Zahnarzt … hinterlässt eine schmerzhafte Lücke.

*

Der Augenarzt … schließt für immer die Augen.

*

Der Anwalt … steht vor dem jüngsten Gericht.

*

Der Straßenreiniger … kehrt nie wieder.

*

Der Chorleiter … hört die Engelein singen.

*

Der Gärtner … beißt ins Gras.

*

Der Fußballprofi … kommt unter den Rasen.

*

Der Geräteturner … verreckt.

*

Die Ballerina … macht die Grätsche.

*

Der Weitspringer … geht hops.

*

Der Messerwerfer … springt über die Klinge.

*

Den Gerichtsvollzieher … holt der Kuckuck.

*

Der Bauarbeiter … springt von der Schippe.

*

Für den Heizungsbauer … ist der Ofen aus.

*

Der Philosoph … gibt den Geist auf.

*

Der Karikaturist … ist vom Tod gezeichnet.

*

Der Metzger … geht den Weg allen Fleisches.

*

Der Maurer … kratzt ab.

*

Der Koch … gibt den Löffel ab.

*

Der Pornodarsteller … kommt nie wieder.

*

Die Stripperin … nippelt ab.

*

Der Mechaniker … schmiert ab.

*

Den Elektriker … trifft der Schlag.

*

Der Gemüsehändler … schaut sich die Radieschen von unten an.

*

Der Aktivist … findet seine letzte Ruhe.

Über den Kegelbruder: »Gut Holz.«

*

Über den Henker: »Jetzt ist er selbst abgehauen.«

*

Über den Elektriker: »Gut geerdet war er schon immer.«

*

Über den Bergmann: »Jetzt ist Schicht im Schacht.«
Oder »Glück ab.«

*

Über den Zahnarzt: »Er füllt sein letztes Loch.«

*

Über den Bestatter: »Er ist authentisch.«

*

Über den Boxer: »Für immer k.o.«

*

Über den Golfspieler: »Perfekt eingelocht.«

*

Über den Hypochonder: »Was lange währt …«

*

Über den Bungee-Jumper: »Das Seil war wohl zu lang.«

*

Über den Stuntman: »Das hat er nun davon.«

»Man sieht sich.«

*

»Bis nachher.«

*

»Endlich frei.«

*

»So schnell kann's gehen.«

*

»Ich bin dann mal weg!«

*

»Schönen Tag noch!«

*

»Heul nicht so laut. Was sollen die Leute denken.«

*

»Na, auch mal wieder zu Besuch?«

*

»Ich komme wieder.«

*

»Wie du dir, so ich mir.«

*

»Bitte noch nicht einebnen.«

Warum tragen Bestatter während der Einbettung Handschuhe? – Damit Sie keine Fingerabdrücke hinterlassen.

*

Warum kriegen Bestatter manchmal den Sargdeckel nicht zu? – Weil der Verstorbene Viagra genommen hat.

*

Was sagt der Scheintote, nachdem er in letzter Sekunde gerettet wurde?
– »Gott sei Dank war es eine Erdbestattung.«

Das Schöne am Tod ist, dass man ihn per Gesetz genau regeln kann. Vorausgesetzt, er hält sich auch daran.

Menschliche Leiche im Sinne des Gesetzes ist der Körper eines Menschen, der keinerlei Lebenszeichen aufweist, und bei dem der körperliche Zusammenhang noch nicht durch den Verwesungsprozess völlig aufgehoben ist.
(§ 9 Abs. 1 Satz 1 Sächsisches Bestattungsgesetz)

*

Ehefrauen, die ihren Mann erschießen, haben nach einer Entscheidung des BSG keinen Anspruch auf Witwenrente.
(Verbandsblatt des Bayrischen Einzelhandels)

*

Stirbt ein Bediensteter während einer Dienstreise, so ist damit die Dienstreise beendet.
(Kommentar zum Bundeskostenreisegesetz)

*

Der Tod stellt aus versorgungsrechtlicher Sicht die stärkste Form der Dienstunfähigkeit dar.
(Unterrichtsblätter für die Bundeswehrverwaltung)

*

Die Fürsorge umfasst den lebenden Menschen einschließlich der Abwicklung des gelebt habenden Menschen.
(Vorschrift Kriegsgräberfürsorge)

Es ist nicht möglich, den Tod eines Steuerpflichtigen als dauernde Berufsunfähigkeit im Sinne von § 16 Abs. 1 Satz 3 EstG zu werten und demgemäß den erhöhten Freibetrag abzuziehen.
(Bundessteuerblatt)

*

Eine Pflanze gilt als befallen, wenn sich in ihr mindestens eine Schildlaus befindet, die nachweislich nicht tot ist.
(Der Hobbygärtner)